| 장봉이의 |

- 제6 서정 시집 -

어머니 꽃

어머니 꽃

| 시인의 말 |

아직도 세상은 아름답다.
우리는 이 아름다운 세상에 살면서 책과 멀리할 수밖에 없는 안타까움의 울이 늘 대립하고 있다.

 시의 소재는 시대마다 다를 수 있고 장소에 따라 다를 수 있겠지만 어머니란 어느 시대를 불문하고 사람의 감정의 폭을 배열하고 증폭시킨다.

 시인은 현시대를 살면서도 어머니란 시적인 세계에서 늘 방황하고 끊임없이 천착해 가는 열성을 지니고 있었지만, 키보드 위에 손을 얹으면 막상 어머니의 숭고한 희생에 대하여는 시적인 정당성이나 어머니의 세계관에 새롭게 직면하여 감히 언어로는 풀 수 없었다는 것이 저자의 어려움이 있었다.

걸맞은 언어를 찾으려 사막에서 금반지를 찾는 심정으로 노력은 하였으나 일상의 삶 속에서 늘 고생만 하셨던 어머니란 존재와 함께한 자연 사물에 대해 더 진지하게 관찰하고 그 내용을 시적으로 형상화하는데 그친 것 같다. 과연 독자들의 예쁜 시선이 많이 저의 시집에 쏠릴까 하는 두려움 반 기대 반을 가져 본다.

꽃처럼 어여쁘시던 어머니를 생각하며
장봉이

제 1 부
삶

장봉이
제6 서정시집

제1부 인생

시인의 말 ◆ 04

인생 33 ◆ 10
인생 34 ◆ 12
인생 35 ◆ 14
인생 36 ◆ 16
인생 37 ◆ 18
인생 38 ◆ 20
인생 39 ◆ 21
인생 40 ◆ 22
인생 41 ◆ 24
인생 42 ◆ 26
인생 43 ◆ 28
인생 44 ◆ 30
인생 45 ◆ 31
인생 46 ◆ 34
인생 47 ◆ 35
인생 48 ◆ 36

인생 49 ◆ 38

인생 50 ◆ 40

인생 51 ◆ 42

인생 52 ◆ 44

인생 53 ◆ 46

인생 54 ◆ 48

인생 55 ◆ 50

인생 33

우리 엄마 아빠가 말씀하시길
어리석은 역사로부터
유치한 이데올로기로부터
너는 쉼 없이 굴러가야만 하는
운명의 수레바퀴라 하셨다
알 수 없는 삶의 음모와
감당할 수 없는 삶의 무게로
형용할 수 없는 올가미에 걸리거나
아니면 남이 너의 올가미에 걸릴 거라 하셨다.
탐욕과 환상에 젖어 있어야 할 때도 많고
관념과 망상에 갇혀 있을 때도 많아
체면이란 연출로 직무유기의 삶을 살 때도 있고
서투른 이정표와 방향감각으로
있으나 마나 한 삶을 각색할 때도 있으니
운 좋게 살아남기 위해 발버둥 치는
적당하지 못한 삶의 유배 자가 되지 말 것이며
죽은 자들을 기억에서 뺄어내야 하는 고통도 가지지 말 것이며

에덴의 동산에서 사과를 먹는 벅찬 희망도 품지 말 것이며
관을 쓴 저승사자들의 웃음을 늘 피해 다니며
모든 일에 잘 대처하며 살아가라. 하셨다.
가장 가느다란 실오라기 같은 삶을 붙잡고
짧은지 긴지 생각조차 하지 말 것이며
세상에 길이 많이 있는 것처럼 부풀리지도 말고

확실하게 보이지 않는 무지개의 희망도 품지 말고
부정확한 미래의 모험을 즐기지도 말라 하셨다.
고루 배합되지 않은 인생 여정에
돌부리에 치이는 것은 이름 삼자뿐이니
그 이름 더럽히지 말고 참되게 살라 하셨다

인생 34

서툴게 시작해
허름하지만 도드라지지 않고
촘촘하게 엮어 넣은 서까래
묵직하게 얹혀 놓은 대들보
굵은 기둥 곧게 세워
반듯한 방 서너 칸 집 한 채
등 따습게 다독이는 인생이란 집에

온갖 새들
온갖 꽃들
온갖 나무들 불러 모아
떠들썩하게 잔치 벌이며
햇빛 뚫고 지나가는,
달빛 밟고 지나가는
바람조차 웃음 짓게 하며
머물게 했던 나의 인생 집

어느 것 하나 확실한 건 보이지 않았지만

살다 보니 인생을 알게 되었고
그러다 보니 좋은 사람들을 만날 수 있었고
좋은 사람답게 살 수 있어 행복했다
길이 없건 길이 있건 나만의 길을 찾았고
환상도 아닌, 장난도 아닌 차가운 삶에서
나만이 가야 했던 사랑하는 희망의 세상
절망의 반과 희망의 반이 모여있는 세상에
삶은 나에게 죽음과 부활을 계속 주문했지만
나는 굴하지 않고 노을이 되어 서산을 지키고 있다
인생은 누구의 것도 아니요
오로지 나의 것도 아니라는 것을
이제야 석양을 보게 되니
나도 웃음을 지을 수 있었다.

인생 35

큰나무가 잘려나가면
밑동과 뿌리만 남는다.
잘려나간 밑동엔
희망보다 절망이
늘 부질없이 괴롭힌다.
한 모금의 물도
한가락의 빛도
한 잎의 푸르름도
꿈이었다는 사실에
생애의 절망을 노래하고
썩는 향기를 내뿜으며
지옥의 문을 두드릴 뿐이다
엔진 톱을 들고 나무를 정벌하는 벌목꾼들
나무가 거부한다고 살려 두었을까?
더 나무이기를 포기하고
흙으로 돌아가야 하는 현명함이
거목은 잘려나가는 순간에도 생각하였으리
제 이름도 남기지 못하고 잘려나간

저 큰나무의 밑동이
어찌 보면 우리 인생의 밑동이 아닐까?
어찌 보면 우리 인생의 공원묘지가 아닐까.

인생 36

어쩌란 말이냐
분가루처럼 흩날리던 햇빛 같은 이 청춘을
어쩌란 말이냐
사방에 퍼질러 놓고 뿌리도
내리지 못하고 꺼져가는 이 봄을

이렇게 가고 나면 어찌하란 말이냐
파닥거리던 풋 날개 예쁜이들
아름다움 그 간절함만 질러놓고
어디로 다시 간단 말이냐

달콤한 사랑이 촉촉이 젖은 입술
아직 꽃다운 꽃이 되기도 전에
왜 오늘 장미는 붉은 젖가슴 흔들며 서 있는 것일까?
그놈의 관능적 향기는 왜 내뿜으며
문란해져 버린 벌과 나비들의 설 자리조차 없게 만드는 것일까?
옆집 꽃들은 왜 이웃집 아저씨에게

넌출 추파를 던지며 불륜의 마음은 왜 던지는 것일까?
흐드러질 대로 흐드러진 저 모란은 허로 한 마음에
온갖 추태의 미소를 왜 날리는 걸까?

아- 하품만 날리는 봄날이 너무 심심하다.
저 모란에 장미의 향기나 뿌려
나비와 벌들에게 풍파나 일으켜 볼까 말까?
제대로 핀 꽃이라 할지라도
그 자태와 향기가 영원할 수 없듯이
한곳에 머물지 못하는 바람과 같듯이
봄날이 가면 잊혀간다는 마음 때문에
두려움이 없으니까 청춘이었다는 말이
아련해서 오히려 더 많이 기억하고 싶을 것이다
피고 지고 흐르는 것이 인생이고
머물러 주지 않는 것이 세월이고 인생인 것처럼

인생 37

느티나무 그늘 속에 첨벙이며
빌린 돈처럼 재촉하는 대낮
아침부터 평상에 앉아 있는 할아버지
지저분하게 날리는 송화의 황금 먼지
빈 하늘을 메우는 희뿌연 색상들의
곧고 곧은 소나무만 쳐다보신다.
종족 번식을 위해 어디론가 뿔뿔이 흩어져 날리는
송화
하룻밤에도 수많은 풀꽃이 없어져 버리고
다시 흘러들어 와 피어나는 온갖 풀꽃들
오히려 자신의 생이 얼마인지 계산조차 못하고
몇 번인가 피울 것 같아 세상을 배회하지만
세상은 무서우리만치 고요하고 냉정하고 외면하다
인생은 가면 그뿐
인생은 오면 기쁨
몇 장이 사진 속에서 잠을 자는 인생은
몇 개의 장을 넘겨야 볼 수 있는 인생은
사람들은 알면서도 모른 척하며 산다

한순간의 아름답던 삶도 흔들거리며 옮겨 다니고
잠시라도 머물 것 같던 인생도 어디론가 떠난다
이제 내게 남은 것은 무엇일까? 라는 의문만 남긴 채

인생 38

세월 바닥에 찍힌 삶의 발자국
한 잎 한 잎 떨어지는 꽃잎과 같다.
시간이 되면 황급히 돌아 나가는
세로로 세운 삶의 눈빛이 보이고
떠나가는 꽃송이들의 머뭇거린 흔적이
군데군데 헌 짚신처럼 남아있다.
햇살을 발라내야만 하는 삶의 곡절
담을 넘는 초록들과 숨 고르기를 하는 삶의 이유

하루에도 수천 번 아니 수만 번의 호흡이 다녀가는
삶이 삶을 지켜야만 살아남는 세상
아픔이 가득 차 빈 삶이 없는 마디마다

만신창이가 되어 헐어 버린 삶의 음영들
구겨졌던 울음을 토해 펴내고
목구멍에 박혔던 설움이 유영하고 있다.
막대 사탕처럼 다 녹을 것 같던 삶도
눈보라 찬바람 속에선 녹지 않는 것이 인생이라고.

인생 39

연보라 꽃망울 익혀낸 햇살이
여린 초록 잎새에 밀려
한 줄기 바람에 흩날리며
젊은 날의 오늘이 간다.
아직 익지 않은 삶이
방부제가 되었는지
내가 흘린 눈물은 상하지도 않는다.
고통받아 본 삶과
고통받지 못한 미래의 삶에 대해
진통제로 치유가 된다면
무슨 맛으로 인생을 산다하리오
돌아보면 지나온 세월에
땀띠만 가득한데
한해 또 한 해
무정한 삶 지게에 싣고
힘겹게 언덕 너머로 사라지는
아지랑이 같은 삶이
그게 우리의 인생사가 아니겠는가,

인생 40

아내가 나한테는 신이었다
교회에 가도 사찰에 가도
누구고 나한테
용돈 한 푼 주는 이 없었지만
아내는 기분에 따라 나에게 용돈을 주었다.
대문을 나와 하릴없이 거리를 배회하다가도
아름다운 아내의 음성을 듣고 싶어
울리지 않는 핸드폰 폴더를 여닫고 하기도 하였다
거리에 환하게 핀 꽃들 바라보다가도
다정하게 웃던 아내를 생각하며 집에 가고 싶었지만
가족들의 비 웃음소리 들을까 봐 다시 발길 돌리는
나는 인생의 비겁자, 백수가 되었다.
흘러간 옛 노래까지 가슴을 먹먹하게 하는 나이
떠나버린 숱한 지인들과 친구들
지금은 어디서 무얼 하며 사나?
혹 내 생각에 눈물짓지는 않나?
삶이란 쓸데없는 페이지를 넘기는 홀로 아리랑
오늘도 추억을 안주 삼아

또 하루라는 인생을 보낸다.

인생 41

봄바람 타고 아롱대는 아지랑이가
아직은 쌀쌀하기 그지 없다
산천에 야생화 피나 싶더니
싱숭생숭한 가슴에 불만 질러 놓고
난 분분 난 분분 꽃비와 함께 놀더니
얄미운 바람이 내 볼만 만지고 간다.

세월이 간다.
산골짜기이든, 낯선 도시이든
너도, 나도 가리지 않고 간다
시간은 길고 인생은 짧다.
손님 없는 식당에도
고객 없는 백화점에도
한 명도 타고 내리지 않는 버스에도
우리의 인생은 덧없이 간다

달이 뜬 거리에도

술에 취한 그날도
안개가 자욱한 그 날에도
가고 또 가고 또 가는 것이 인생이다
세월은 멀고 인생길은 가까우니
자기의 시간이 멈추면
해가 떠도 못 웃고
달이 떠도 못 우니
인생이란 다 시간의 조화다

인생 42

새파란 꽃잎이 물에 떠서 흘러가니
인생은 남고 봄날은 가더라
그림을 그려 보니
꽃을 만지는 사랑의 몸짓은
서로가 애태우는 그리움 때문이란 걸
봄날이 가고야 어찌 알았을꼬
청보리밭에서 바람이 노랠 부르며 춤을 추니
아름다운 배고픔은 보릿고개 넘기려고 울렁거린다.
어릴 때 보았던 보리밭엔
종달새 소리는 굶주린 내 배의 소리였고
어머니가 날 찾는 소리는 배부름이었는데
그렇게, 그렇게 보릿고개라는 인생이
지금은 어디에 가도 보이질 않는다
내가 찾아야 할 기억은 무엇이며
내가 찾고 싶지 않은 기억은 무엇일까?
얼굴 붉게 타오르는 나는
저절로 물들어 오는 푸르름이
너무도 감당하기도 버거웠다.

청보리도 나도 어렵게 피던 시절
청보리도 나도 힘들게 맺히던 시절
아직은 알지 못하는 길 나는 오늘도 걷지만
내 인생은 언제나 푸른 청보리밭에 있었다.
이 세상엔 목적 없이 존재하는 삶은 없다

인생 43

개복숭아가 몇 해를 산속에 숨어 살았는지
개 도화 낯 붉히며
이제야 나무 사이로 얼굴을 내밀었다.
솜털을 둘러싼 뽀송뽀송한 아이처럼
졸망졸망 많은 친구와 손에 손잡고
돌밭 산 여기저기 헤매고 다닌다.
낮잠이나 잤으면 좋은 봄날
큰나무 속에 숨어
큰바람에도 끄떡없고
폭설에도 아랑곳하지 않으며
힘들게 살아온 세월이
열매 하나하나에 고생이 박혀 있다
부드러운 연분홍 햇살이 웃는다
나른하기 짝이 없고 무료하기 짝이 없는데
넉넉한 그리움은 산골을 떠난 순이 생각에
연한 추상이 아쉽기만 하다.
화사한 산 도화 밑으로
세속의 삶이 번득거린다.

알알이 엮은 산 도화 열매
여명의 빛이 눈가에 스며드니
사안으로 들어오는 먼 산의 청솔 사이로
노루가 새하얀 영역을 표시하고 있다.
조금 지나면 연푸른 잎 날갯짓하던 이파리
고개를 떨군 채 작별의 인사를 나누겠지
기약 없는 무거운 발걸음이
다시 내디디는 것은 삶이 충족해서가 아니라
개 도화의 날개가 점점 붉어지기 때문이다
숨어 살던 보이게 살던
꽃도 피우고 열매도 맺는 그것이 인생사이고
인생은 아무것도 가진 것 없이 개복숭아처럼
그렇게 발갛게 익어 간다.

인생 44

새봄의 전령사 봄꽃들이
대지 위에 향연을 펼치더니
사랑의 연분홍 날개 달고
더 나은 연인을 찾아
저 하늘을 쳐다보는 봄
한번 젊으니 한번은 푸르고
한번 늙으니 어느새 백 년이 야속 터라
지고 이고, 들고 걸어온 삶
어느새 퇴색되어
툇마루로 들어오는
붉은 노을 바라보니
황홀한 희망의 노래가
서산으로 나를 유혹한다.

인생 45

세월이 흐르니
억새처럼 핏기없이 늙어가고 있었다.
아마도 나는 살면서
큰 행복은 바라지 않았을 것 같다.

사형 선고를 받고 죽음을 기다리는 죄수나
건강상태가 불량해진 늙은이와
암흑의 절벽에 매달려 사는 소나무와
삶은 하나도 다를 것 없다
사형수는 무기징역을 받은 사람이 부러울 것이고
늙은이는 한 살이라도 더 젊음이 부러울 것이고
소나무는 안정된 평지가 부러웠을 것이다

여하튼 살아있다는 것은 너무나 귀중하고 소중한 것
돈 많이 줄 테니 나 대신 죄를 살라 하면
살아 줄 리 없는 세상
나 대신 늙어 달라면 대신하는 이는 없다.
아마도 이 세상엔 인생을 돈으로 바꿀 사람은

극히 드물 것이지만 아예 없을 것이다.
산 같은 재산도 가난에 허덕이는 빈곤도
사람의 생명보다 가치가 없으니까.

죄수라고
늙었다고,
소나무가
꼭 외롭고 불행한 것만은 아니다.
사지 멀쩡하고 보고 듣고 할 수 있으면
감사하고 행복한 줄 알아야 옳지 않을까?

우리는 날마다
누군가를 보고,
누군가의 말을 듣고,
누군가와 말을 하며,
누군가와 함께하며,
누군가의 애잔한 소원을 빌고
바라는 기적이 일어나는 삶을 살고 있다면

우리는 더 이상의 행복을 탐해선 안 된다.
누군가 간절히 기다리는 기적이
내게는 안 일어날 수도 있기에
우리는 여기까지라는 만족을 알아야 한다.

젊음이 지나간 후에야 비로소 늙음을 안다.
건강한 눈으로 세상을 보아야 행복이라는 걸 안다.

내가 얼마나 행복한 사람인지
날마다 깨달으며 산다면 행복은 기적을 만든다.
각자의 삶, 각자의 인생, 자신을 사랑해야 한다.

그리고 내 육신을 대가 없이 내어 준
부모님께 감사드려야 한다.

인생 46

나는 아직도
양파 속에 산다.
매일 뜨고 지는 해를 보며,
매일 뜨고 지는 달과 별을 보고
그때마다 허연 피를 까고 또 까내며
지치고 지친 일상
쓰러졌다 일어나는 오뚜기 일상
날마다 똑같이
벗기고 또 벗기는
하얀 양파 속에 사는 나는
눈물겨운 삶의 연속이지만
그래도 인생이 톡 쏘는 맛이 있고
순수함만 간직한 아름다움이 있다.

인생 47

봄 끝에 앉아서 보면
꽃도
나무도
풀도
모두가
생김생김이 다 다르다는 것을
알 수 있다.

노을 끝에 앉아서 보면
행복도
사랑도
아름다움도
즐거움도
생김생김이 다 다르다는 것을 알게 된다.

어떻게 어루만지냐에 따라
인생을 이루고
못 이루게 된다는 것을 깨닫게 된다.

인생 48

궁전 같은 VIP 장례식장을 들어서니
검은 옷을 입은 남녀노소 저승사자들이
죽은 자를 찬양하는 곡을 부르는데
애절, 절통함은 없이 입만 뻥긋댄다..
국화 향기가 코를 찌르고
이에 질세라 향과 양초의 연기가
영정 사진을 자욱하게 감싸고 있다
촛불은 어찌 마음이 상했는지
빈정대며 흔들흔들하고
조객들 접대 실에 밀어 놓은 식탁 옆에는
삼삼오오 짝을 지어 술판을 벌이고
죽은 자의 영혼을 술로 위로한다..
고인의 넋을 너무 기리다 마음 지친 술주정뱅이는
이리 비틀 저리 비틀 망령의 춤을 추며 돈다.
가끔 상주들의 정적을 깨는 외침은
지역 유지와 몇몇 기초 단체장과 의원들
조객이 모두 일어나 얼굴도장 찍으려고 줄을 서고
망자는 이를 물끄러미 쳐다보며 미소만 짓고

머리 조아린 상주들은 대죄를 진 듯 다소곳하다
살아생전 부모에게 못한 짓을 죽어서야 하는 놈들
부의금 통에 봉투가 넘치니
슬픔보다 웃음기 입에 넘치니
인생이란 그저 죽은 자만 불쌍하다
아니지,
이 꼴 저 꼴 안 보니 죽기를 잘한 거겠지

인생 49

사랑은
한 남자가 한 여자를,
한 여자가 한 남자를
지배하기 위한 아름다운 가식이다
술로 빚은 사랑은
숙취만큼 유효기간이 있고
믿음으로 빚은 사랑은
죽음이 갈라놓을 직전까지 유효하다.
사랑이 사람을 길들이기 위한 수단이지만
어떻게 사랑을 길들이냐에 따라
걸작도 나오고 습작도 나오는 예술이 된다
사랑은 그래서 종합 예술이다
사랑은 등단할 때가 거의 최고의 작품을 만들어 낸다
사랑 속에는 늘 불행이 도사리고 있다
사랑을 오래 지키려면 굳이 불행을 찾지 말아야 할 것이다
사랑은 자기 손에서 벗어나면 불행이 그 자리를 차지하므로

선을 넘으면 안 되는 것이 사랑이다.
사랑은 너무 지독하고 불편하고 괴롭고 외로운 것이라서
온통 아름답게 물들이고 길들이려면
숱한 아픔과 고통을 인내하며 기다려야! 한다

인생 50
부제-사랑과 배려

내가 나를 사랑하면
나와 함께하는 사람들이 행복하고
행복해하는 나를 보면
나와 함께하는 사람들이 두 배나 행복해질 수 있다
내가 남을 먼저 배려하면
남이 나를 배려해 줄 것이고
서로를 배려하다 보면
서로가 자연 배려하게 되는 것, 아니겠는가
내 몸속의 사랑과 배려를 지키려 하는 자는
세상을 아름답게 하고 행복하게 만든다
세상에는 사랑과 배려를 드러내는 사람이 있는가 하면
이도 저도 아무것도 드러내지 않는 사람도 있다
우리는 살면서 물과 꽃이 되어야 한다
아름다운 사랑을 피울 수 있도록
배려의 물이 항상 필요하다
남을 사랑하는 것은
지혜롭기보다는 배려이고
남을 배려하는 것은

현명하기보다는 사랑이다.
남을 사랑하는 것을
전심이라 하면
남을 배려하는 것은
큰 용기다.
 사랑은 남과 비교하지 않으며
배려는 판단하는 기준이 없기에
마음의 평안을 얻을 수 있는 것이다.
 사랑을 경쟁으로 여기면 질투가 되고
배려를 경쟁으로 여기면 행복이 되므로
사랑과 배려는 부드러움 그 자체이니
지는 것이 사랑이고
사랑할 줄 아는 것이 배려이다

인생 51

세상은 누구나 술래로 만들고
세상은 누구나 숨게 하는
숨바꼭질 인생에 살게 한다.

세상엔 찾아야만 되는 것과
세상엔 꼭꼭 숨겨야만 하는 것이 많아
술래잡기 세상에 살게 한다.

어느 땐 술래가 되고
어느 땐 숨어야 하는
수시로 뒤바뀌는 이 세상

우리는 때와 장소에 따라
찾는 자도 되고
숨는 자도 된다.

누가 술래이건
누가 숨어야 하던

인생은 즐겁고 두려운 것이다,

인생 52

토담 밑에 피어난 꽃은
샛노란 새 하얀색
모두가 그 색깔의 그 꽃뿐이지,
포근하고 순백한 그 색깔이
찬란한 햇빛에 묻히니
아득하니 지나온 세월
붓이 되어 추억을 그리며
사랑의 눈물을 흘린다
곱게 달아오른 순정의 빛이
어제는 노랑 하양 피우고
오늘은 하얀 손을 흔들며 이별을 고한다
만남과 헤어짐의 아픔은
서로의 가슴에만 부둥켜안은 채
자신을 아껴줄 것 같은 새로운 사랑을 찾아
바람 따라 구름 따라 떠나야만 하는
가볍고 여린 삶의 무게여
외로운 방랑자가 되어야만 하는

순수하고 삼고 한 민들레여
아름다운 심혼의 희생양 민들레여

인생 53

고향이 강이었는지,
개천이었는지, 옹달샘이었는지,
누구도 바다에 묻는 이는 없었다.

고향이 하늘이었는지
동서남북이었는지
누구도 구름에 물어본 이는 없었다

바다는 어디나 육지 끝에 있고
구름도 정처 없이 하늘을 떠다니기에
고향을 물을 수가 없었을 것이다

사람은 돌아보면 고향이 보이고
사람은 생각나면 고향을 찾는다.
그러나 바다와 구름은
돌아볼 고향도 생각나는 고향이 없다

사람은 인생이란 길이 있다.

바다는 포용해야만 하는 길이 있다.
구름도 뭉쳤다 흩어져야 하는 길이 있다.

모두가 홀로 만들어 가는 것 같지만
언제나 홀로 나서서 하는 일 같지만
모두가 어우러져야 이룰 수 있다는 것을

바다와 구름은 알고 있지만
사람들은 모르는 이가 많다.

인생 54

그렇게 당당했던
삶도
그렇게 자신 있던
삶도
철없던 나에겐
한없이 흘렸던
피맺힌 눈물이었다
암울했던 세상이
나의 미래였다는 사실을
만약 알았다면
어린 눈동자로
고사리 같은 손으로
부모의 사랑이란 명분에서
힘차게 울어대던 출생의 울음은
토하지 않았을 것이다
참다운 세상을 여는 노래라 여겨
힘차게 부른 것뿐
그때는 차마 삶이란 것을 몰랐기 때문에

그저 울기만 하면 다 되는 줄 알았다
나는 지금 이 세상에 서서
모르는 인생을 하나둘 배우면서
삶이 얼마나 뼈아픈 일인가를 깨우치며
하루하루를 감사하게 살 뿐이다

인생 55

벚꽃 나무 아래
부스러지던 그늘
꽃잎들이 낙화하는
핏빛 현란하던 대지
무수히 날아들던
살풀이의 춤사위
밟히는 꽃물들
스러지는 땅별들
나와 무슨 상관이 있을까?
느낄 때가 인생이다

제2부
어머니 꽃

장봉이
제6 서정시집

제2부 어머니 꽃

어머니 꽃 1 ◆ 54

어머니 꽃 2 ◆ 56

어머니 꽃 3 ◆ 58

어머의 사랑 ◆ 60

하루의 봄 ◆ 62

꽃LED등 ◆ 64

봄 편지 ◆ 66

자연인 ◆ 67

사랑 그거 ◆ 69

한식 ◆ 71

혈기방장 ◆ 73

살어보니 ◆ 75

답답 ◆ 77

횡설수설 ◆ 79

탐욕을 버리면 ◆ 81

침묵하는 꽃 ◆ 82

초가 1 ◆ 84

초가 2 ◆ 85

천명 ◆ 87

자명고 ◆ 89
유월이 오면 ◆ 91
오늘도 ◆ 93
옛집 ◆ 95
연꽃 ◆ 97
어머니의 낮잠 ◆ 98
어리석은 후회 ◆ 100
어느 영정 앞에서 ◆ 102
어느 봄날(童詩) ◆ 103

어머니 꽃

흐느껴 목이 메어
꽃잎도 떨리던 날
꽃다우셨던 우리 어머니
서러움 다 못 풀고 이 세상을 뒤로하니
하늘도 시커멓게 멍이 들고
산천도 온통 슬퍼 눈물로 가득 차 흐릿합니다
고우셨던 나의 어머니
외진 산 봉분 아래 누우셔서
학처럼 선녀처럼 하늘에 영혼을 맡기니
상전벽해와 같이 쌓이는 깊은 눈물
청정무구하던 눈, 한 치 앞조차 안 보입니다
어쩌자고 어머니는
구름 걷힌 하늘을 고향이라고 하시며
웃음기 없는 오늘 홀로 지는 꽃이 되셨나요,
꽃그늘에 달이 새고 새벽 별에 눈물 새면
불효한 이 자식 무슨 낯짝으로
살아생전 고우셨던 어머니 꽃을
이제는 어찌 볼 수 있단 말인지요

영영 돌아올 기약 없는 그 멀리 있는 길을
노을빛 배 한 척 샀이라도 내었으면
홀로 가시게 하지는 않았을 것을
후회도 원망도 모두 나만 쳐다보니
이 더러운 불효함이 천지를 진동합니다.

어머니 꽃 2

돌아보면 허무하고 덧없는 짧은 인생이다
사랑을 듬뿍 받아 자란 나는
마음 하나는 행복으로 가득하였습니다
쪽빛 하늘이라도 떼어다 주신다던 어머니에게
"고맙습니다"란 말, 마음에 넣어 드리고 싶습니다
곱고 아름다우시던 어머니는 꽃이셨습니다.
여명에 눈동자가 번뜩이면
어머니의 손등은 닳고 닳아져만 갔습니다
홀로 무디어진 목과 허리와 다리를 이끌고
한 소쿠리 콩나물 머리에 이고 지고
어두운 새벽 칼바람 부는 골목 시장 들어서시면
어머니 손등엔 이름 모를 꽃들이 피어났습니다
시루에 콩나물 키우는 일이 일생이셨던 어머니는
가난에 시들어진 삐걱대는 몸조차 잊으신 채
막막한 한숨마저 쉬기 어려웠습니다
어머니가 토해내는 절박한 호흡은
덜컹거리는 인생 마디마디에 푸석한 얼굴을 만들고
혹한의 새벽은 어머니란 들꽃을 피워냈습니다

가슴팍을 헤치며 무작정 들어오는 칼바람은
광목옷을 송이송이 새하얗게 성에꽃을 피웠고
마음 까지 피어나던 얼음의 꽃송이들은
삶의 청소를 해주듯 어머니의 몸 구석구석을
칼끝으로 도려냈습니다
어머니 꽃은 인생이란 적군과 싸우는 전쟁이었습니다
가난에 기울어 가던 가정을 일으키려는 몸부림이었습니다
자식들의 머나먼 미래를 예금하신 아름다움이었습니다
살아생전엔 수없이 피던 어머니 꽃이
지금은 나의 마음속에서
가끔가끔 피웠다 지기를 반복 합니다
지금도 머리로 세상을 살지 말고
가슴으로 살라 하신 어머니의 말씀이
쩡쩡 가슴을 울립니다

어머니 꽃 3

저기 말없이 떨어지는 꽃
저기 소리 없이 외로히 지는 꽃
봄비에 살랑살랑 눈물 젓고
여름비엔 주룩주룩 눈물 젓고
가을비엔 사늘하게 눈물짓고
겨울비엔 이가 시리도록 눈물짓던
어머니 꽃이여
거친 대지 위에 아름다움만 남겨 놓고
언제 다시 온다는 기약 없이
홀로 떨어진 꽃이여
어둠 너머로, 달빛 너머로
사라지던 어머니 꽃이여
가는 길이 어드메인지,
하늘길인지, 바닷길인지
땅끝 길인지
따뜻한 남쪽이었으면
봄날 다시 피어 만날 수 있지 않을까,
그리운 이름, 어머니 꽃

내가 꽃이 되고
어머니가 다시 사람이 되어
들꽃이라도 되어 볼 수만 있다면
얼마나 좋을까, 얼마나 행복할까.

어머니의 사랑

향기는 콧속에 잠시 머물지만
사랑은 오래도록 가슴에 머문다
포용은 바다 같고 하늘 같아야만
품는 것이 아니라
그저 가슴 한 줌, 마음 한 줌이면 되는 것인데
우리는 몰래 흘리던 어머니의 울음 한 줌을
쥐어 본 적 있는가?
나는 감춰 놓은 어머니의 은혜 한 줌을
찾아본 적 있는가?
서걱대는 갈바람에 잘려나가는 나무의 옷자락
쳐다볼수록 깊고 높아지는 누런 슬픔은
가래가 숨을 막고 바다와 하늘을 채운다.
울음도 바래면 목이 쉬고
은혜도 세월 차면 찾기조차 힘든 것
사람들은 가슴에 늘 얹혀 있는 바위 하나 만들고
아름다운 은혜를 포승줄로 묶어 놓고
승화된 사랑 불의 빛살로 그려 본 듯
허허로운 인생 판에서

켜켜이 쌓인 불효란 연못에서 빠져나오기란
갯벌에서 발목을 빼는 일보다 더 어렵다.
무거워 헉헉대는 어머니의 흔적과 영혼의 무게
회귀할 수 없는 안타까운 어머니의 발자국
시든 들꽃의 마른 향기에 눈물 섞어
이젠 어떻게 하지, 글을 써 본다 한들
이미 떠난 숭고한 어머니의 사랑을
잡고 매달릴 수 없는 현실이다
하얗게 말라가는 내 머리카락 위에
반짝거리는 은빛의 후회라는 한이 서려야!
그때야 흐르는 세월을 원망하고
죽을 때까지 가슴에 머무는 것이
어머니의 깊은 사랑이란 것을
그것을 알고 날 때는, 알았을 때는
양아치보다도 시정잡배만도 못한 놈이 된다

하루의 봄

한 잎 한 잎 꽃잎이 떨어지면
하루의 봄도 소리 없이 저문다
그렇게 내일로 옮겨 가는 하루는
연초록 잎사귀를 타고
바람에 소소한 이야기를 들려주며
지나간 그리운 추억을 흔든다
활짝 이루었던 화사한 색깔과 빛들은
모두 다 어제의 주머니에 챙기고
저렇게 이렇게 푸르른 사랑으로 물들이며
깊숙한 침묵으로 화답한다
불다가 마는 것이 바람이고
푸르러지는 것이 나무이고
기다리지 않아도 오는 것은 내일이지만
하루 만에 떨어질 화판들이었으면
이 세상을 위해 오지는 않았으리라
서쪽으로 기울다 넘어가는 하루를
끝내 붙잡지 못하는 아름답던 봄은
"화무십일홍"이 아니라

화무 일 일화가 되어
온난화로 인한 삶의 아픔을 잘라내는
하루의 고통과 슬픔이기도 하다
달아 나는 꽃잎을 부르며
쫓겨 가는 봄을 달래며
하루의 봄이 일장춘몽이 돼버렸다.

꽃 LED 등

누가 또 멀리 가셨구나
장례식장 LED 간판에
죽은 자의 이름 삼자가
죽어서야 찬란한 이름을 밝히며
삼일 밤낮 제자리걸음만 하고 있다
전자꽃등의 주인 이름
너무도 슬픔이 화려하다
조문객들이 나방처럼 줄지어
전자꽃등 밑으로 드나들고
마음에 등불을 끈 망자는
전자꽃등에 서명을 받으며 조객을 맞는다
전자꽃등의 주인은
세상을 얼마나 위로하고 사랑했는지
전지전능한 유지들의 수많은 조화
유달리 하얀 웃음을 보내는 국화가
망자의 얼굴을 매만져 준다
끓다가 울다가 지쳐 버린 상주들에게
조의금을 가득 채운 부의금 통이

슬픔을 위로하듯 엷은 미소를 보낸다.

봄 편지

바람을 타고 숨어왔나,
달빛을 타고 숨어왔나,
하양 노랑 빨강 씨 물고
환한 미소 지으며 온 봄 편지
올해는 어떤 사연 담았을까,
주소 없는 봉투는 어디로 전 할 건가,
개울가에 춤추는 버들강아지에 전 할 건가,
날개 고운 산새들에게 전 할 건가,
곱고도 아름다운 사연 듬뿍 담겨 있는
꽃망울 같이 부어오른 사연
그리웠던 남쪽 나라 향기 담은
울음 터트리게 하는 봄 편지
씨앗이 되고 꽃이 되고
햇살 아래 기쁨 되고 웃음 되었으면 좋겠네

자연인

봄눈 매화가 철이 지나 낙화 되니
연분홍 산도 화가 드문드문 피어 난다.
화사한 산목련의 아름다운 자태가
계곡물 명경지수에 하얀 속 치마를 일렁이니
비탈밭을 갈아엎는 자연인이
봄빛을 고랑에 밑거름으로 넣고
씨뿌리는 두 손에는 화사한 향기를
씨와 썩어 이랑에 골고루 뿌린다.
울창한 숲속에 얹혀사는 진달래는
봉울봉울 빈약한 꽃 몇 송이 맺혀 놓고
거드름을 피우며 발그레 멋쩍은지 웃는다
소나무 숲 사이를 거니는 한적한 솔향은
자연인의 걸음걸이를 느릿하게 붙들고
어느 산에서 자고 나는지 모르는 산새는
무엇이 그리 즐거운지 노랫소리 청량하다.
자연의 정과 아름다움이
숲과 바위와 산을 뚫고도 남으니
어찌 사람들이 감동하지 아니하리오

속세만 고집하며 사는 사람들이여
세월 가는 시계 소리 안 들리면 어떠하고
흘러가는 구름 안 보이면 어떠 하리요
계곡물 우짖는 이 자연 속에
온갖 새들 노래하는 이 산속에,
근심 걱정 다 날아가는 이 산속에서
한평생 자연과 손잡고
천년 만 년 산다 한들 누가 뭐라 하리요.

사랑 그거

젊으나 늙으나 가슴팍 헤치고 들어오는 사랑
그거, 천하장사도 목석도 못 막을 거이다

천국인 줄 알고 열열하게 했던 사랑
그거, 돌아누우니 지옥이 되더이다

온 마음 다 바친 용광로 같던 사랑
그거, 이글거리는 유황불이더라

살다 보면 괜찮겠지, 한 사랑
그거, 빛 좋은 개살구이오이다

노을처럼 환장한 사랑
그거, 하면 할수록 속이 새빨갛게 타버립디다

사랑 그거
해도 손해 안 해도 손해지만

그래도 사랑하는 그 순간만은
살맛 나는 인생이고 행복한 삶이 외다.

한식

십이 첩 반상기의 점심시간
밥, 국, 나물무침, 된장찌개, 조기, 김치가
네 다리로 받히고 있는 식탁 위에 펼쳐지면
식탁의 경건함을 가지며
무념, 무상의 시간 속에 인생의 탐욕을 입에 옮긴다.

심지 진한 색이 어울린 반찬들
선한 빛을 띤 순종의 반찬들
예견된 고유의 손맛
간이 덜된 심심함이 아니라
여리게 숨죽여 드리운 집 간장 향취가
입안 곳곳으로 미세하게 고르게 감지되면
품위 있고 가지런한 어머니 손이
저절로 입으로 온다.

죽은 듯 조용히 와닿았던
된장찌개는 완전 고향 내음,
그 내음은 개운하고 상쾌하다.

맛있다. 라는 오감 만족의 으뜸은
분명 우리나라에만 존재하였지만
지금은 세계만방에 존재한다

우리의 한식은
우아하고 품위 있는 반만년의 성스러운 음식
분위기 차분하게 다소곳이 먹어야 하는 음식
소박한 찬기들이 이유 없이 비워지는
고뇌에 찬 담담한 마음도 있지만
편안하게 식사에만 집중되는 정성스런 한식

내가 몰랐던 고향의 미각도 채우고
자존감도 챙겨주는 한식은
세계적인 건강 음식
아름다운 강산, 대한민국 자존 음식
숭늉으로 마무리하다.

혈기방장

한때 우리는
낮과 밤을 가리지 않고
서로가 다른 재물과 권력에
큰 빨대를 꽂아 놓고
힘껏 빨아대던
혈기방장하던 시절이 있었다.

질주하는 폭음의 경주차들처럼
지하철의 굉음 소리를 내는 터널처럼
살아있다는 것을 재조명하며
현실과 다른 이데올로기가 공존하는 공간에서
서로의 에센스가 다른 정신적 낙원을 꿈꾸며

과일 안주와 양주를 처먹어가며
알콜에 절인 거친 승냥이 소리를 내며
똥인지 된장인지 모르는 사회의 미수범들이 되어
지상낙원이란 작은 지갑을 열고 품고 배회하며
낮은 자들을 지배하려 하는 혁명군이 되어

마천루에 닿은 빌딩의 한쪽을 소유하고
하루에도 수 천억의 희망을 노래하며
혈기방장하게 자신들의 영역만 쌓다 보니
잃어버린 것은 청춘이요
달아난 것은 사람들이었다

살어 보니

탐욕은 삶을 더 황폐하게 하고
해탈은 삶을 더 채운다.

해탈을 채워주던 삶들이
선의 씨앗이 되어 정원을 채워주니
지탱하던 고통의 슬픔은
황홀한 노을빛이 되어 어깨 위를 비춘다.
탐욕을 향해 잘주하던 삶은
점점 힘들고 역겹게 쇠잔한 가난으로 몰고가
문명이 이기로 부를 창조한 모래 위의 성은
하루에도 수십개씩 쓰러져만 갔다
인생의 허무한 삶은 탐욕이고
인생의 알찬 삶은 해탈이다
삶이 낡아빠진 문틈 사이로
바람과 같이 힘없이 빠져나갈 때
해탈은 오히려 문틈 사이로
선하게 들어오는 형체를 본다
인생에 있어서 삶보다 더 힘든 것은

탐욕과 해탈을 구분하고 선을 긋는 것인데
죽어도 이해를 못하는 것이 인간들의 어리석음이다
텅 빈 탐욕
꽉 찬 해탈
천지를 덮을 때
사람들은 영원한 안녕과 참다운 인생을 살 것이다

답답

던지는 말보다
받는 말이 더 많아지면서
무슨 말을 연결해야 할 지
목에서만 말이 맴돈다.

지나간 말의 상처는 뒤로 하더라도
새로운 언어를 찾아보지만
옛말에 너무나 못이 박혀
좋은 말이 생각나지 않아
그저 민망하여 헛 웃음만 나온다

세월이란 이런 것인가
바라던 언어는 행방이 묘연해졌고
생각했던 화법은 흐릿한 회한 속에 멈추었다
삼라만상의 아름다운 빛깔들의 언어들
내가 좀 훔친다 해서 큰 죄가 되리오 마는
좋은 말 몇 점 내 부친다고
답답한 심정이 해소가 되겠는가

정작 알아들어야 할 사람은 상대의 난자 여자인데

횡설수설

낮잠을 많이 자면
밤엔 잠을 뒤척이고
밤잠을 오래 자면
새벽을 볼 수 없다
자기가 자기를 사랑하면
가정도 나라도 사랑하게 되고
자기가 자기를 미워하면
이웃도 나라도 미워진다
사랑이 삐뚤면
보는 눈도 먹는 입도
생각하는 마음도 삐뚤고
이 세상마저 삐뚤게 보인다
사랑보다 더 중요한 것은
당신의 지금이고 현재다
사랑은
아주 슬픈 아픔도 만들어 내지만
사랑은
아주 행복하고 아름다운 세상도 만들어 내기에

우리는 한세상을 살면서 횡설수설할 시간이 없다.

탐욕을 버리면

멀리서 본 꽃이 아름다워
그 꽃을 꺾으러 가까이 가 보면
그 꽃은 천 길 낭떠러지에 핀 꽃이요
풀잎에 맺힌 이슬이 보석 같아
그 보석을 주우려고 가까이 가 보면
그 보석은 잡을 수 없는 풀잎의 눈물이다.
사람이 욕심을 비우고 산다면
꽃을 꺾으러 가는 일은 없었을 것이며
사람이 할 수 있는 일만 하며 산다면
삶과 죽음에서 부끄러운 게 없어
꺾으려 하지 않아도, 주우려 하지 않아도
마음은 늘 꽃과 보석으로 가득 찰 것이다

침묵하는 꽃

사랑이라는 이유로
벌과 나비가 꽃을 에워싼다면
꽃의 아름다움은 허물어지고
꽃의 향기는 무의미한 것이다
사랑이라는 명분이 선의적 행위라 말하면
꽃은 진실을 숨긴 분노가 될 것이고
꽃은 세상에 아름다움을 과시하기 전에
일찌감치 사랑을 포기해야 하니
꽃은 아름다움보다 사랑을 더한 진실로 알고
빨리 열매만 맺으려 할 것이다
지금 당장이야 목이 타서 꿀을 찾는 벌과 나비라지만
한 모금의 꿀로 꽃의 일생을 바꿔야 하는 사랑은
무엇으로 아름다움을 보상할 것인가,
진실은 감추고 향기만 내 뿜으며 침묵하는 꽃을
우리는 그래도 꽃이라 불러야 하는가?
마음에 켠 사랑과 등불이 없는데
이 세상을 아름답지 못하게 하는데
어찌 꽃다운 꽃이라 말 해 줄 수 있을까,

꽃이 저마다 아름답기를 원하는 것이 아니라 해도
이미 꽃을 침묵하게 한, 벌과 나비였다면
벌과 나비가 저지른 선악은 무엇이란 말인가,
모든 꽃이 아름다움으로 침묵하는 것은
세상을 혼란하게 만들고 싶지 않기에,
당치 않는 세상에 역행하고 싶지 않기에
오늘도 꽃은 웃기만 할 뿐 침묵하는 것 같다

초가 1

달님을 보다가 주위를 휘둘러 보니
사계절 정든 얼굴들이
하나둘 생각난다
외로이 지켜보던 큰 느티나무
밤이 깊어가면 이름 모를 새들이 집을 찾고
찬바람에 무색해지던 굴뚝 연기
아무도 찾지 않는 조그만 초가엔
외로움에 익숙해진 총총 별빛 바람이 인다.
새벽 초롱불 흔들리는 물결 따라
가난을 달래시던 부모님의 굳건함
사무치게 그리워지는 이름 없던 삶들이
깊어가는 초가집을 잠들게 했고
목 없는 하루가 달려들어도
삶을 메꾸기 위해 모든 것을 해야 했던 가족들
오래된 툇마루에 쌓인 먼지가
익숙한 추억으로 다가와 눈물짓게 한다.

초가 2

이 세상 햇살사이로
그리운 풍경 하나 지나간다.
외양간 암소의 되씹기 소리와
고즈넉한 달빛에 젖어 풀어지던
흐드러지게 핀 아카시아 꽃향기
방문마다 푸른 가난을 씻어내려 했던
달빛의 그림자
밤새 소리 질러 잠 못 이루게 했던 모기
도랑물 가장자리를 박차며 드러냈던
이름 모를 어여쁜 꽃들
앞치마를 걸친 산들바람이
어디론가 자취를 감추던 날
단풍잎 하나둘 떨어지나 싶더니
하얀 면사포를 쓰고 아침에 나타났던 눈사람
시집 장가가던 강아지들
설익은 사랑 정겨운 쪽빛 추억이
빛바랜 고향을 떠나지 못하는데
어디선가 들려오는 소리인가?

풀피리 물장구 소리 요란한데
뒤돌아보니 거기엔 수줍은 듯 초가가
꼼지락거리며 서 있었네.

천명 天命

부끄럼 한 점 없이
서릿바람에 떨어지는 국화 수백 송이
바다처럼 꿈도 푸르더니
속세에 인연 모두 한곳에 모여
청춘의 날개 펴기도 전에 접었는가,
엎어지면 코 닿을 길이
해거름에도 못 닿는 먼길이 되었네
숨소리 실핏줄 가녀린 골목엔
오색 단풍도 부러운 여백의 비단결 길엔
영혼은 갇혀 가냘픈 숨결로 숨은 편지를 쓰고
한 골목에 다 담아 쌓인 진실한 마음의 편지들은
향불을 돋우며 불러야 했던 천명이었네
영롱한 네온 불에 가리어 하늘을 보지 못하고
불사른 반야의 천명 앞에 뿌릴 내리며
세월 한쪽만 남기고 떠난 가을날의 국화들이여
차라리 어둠을 잊은 청춘의 야화를
꿈꾸지나 말게 하였으면
사라진 자의 잊힌 그늘을 더듬지나 않았을 것을

순간의 의미가 천명을 반추하다니
슬프고 안타깝기 이를 데 없다.
여 여 한 천명의 길을 따라 하늘을 지고 떠나가며
보이는 뜻 세상에 새겨 놓은 슬픔
시작보다 끝이 아름답지 않았던
아픔의 절규가 되었네

*이태원 참사를 생각하며

자명고

밤낮 울어대는
까톡 카톡
수많은 이름의 단톡방
서로 얼굴도 못 보면서
그리움에 미친 손가락들
궁금하고 궁금해서
들여다볼 수밖에 없는 카톡
설렘과 망설임과 실망과 희망을 안겨주는 카톡
어떤 이는 손가락이 있어도 말 못 하고
어떤 이는 손가락을 너무 많이 써서 말이 많은
까톡 카톡
이젠 더 공유가 아닌 나만의 공간으로
나 이제 울렁거리는 마음 접고
여기를 나가기로 마음먹었는데
또 다른 카톡 친구들이 나의 손가락을 붙잡는다.
아 - 나는, 누구를 위하여
카톡 카톡 하여야만 하는 것인가,
공허함 때문인가,

외로움 때문인가,
즐거움 때문일까,
아니면
내가 살아있다는 것을
타인에게 알리기 위한 노래인가,
까톡 카톡
새벽부터 찢어 대는 자명고.

유월이 오면

한 무리의 꽃들이
예쁜 보석의 열매를 물고
유월의 향기에 몸을 실었다.
별 볼 일 없던 잡목들도 어느새 숲을 이루니
산야는 빠르게 푸르름을 더해가고
생각하고 싶지 않은 6·25의 상흔이
동족상잔 비극의 여운 눈물이 되어
애절함이 가슴을 적시게 한다.
호국영령들의 마지막 숨결이
비목이 되어 나라의 안녕을 지켰고
산천은 꽃잎의 길이 되어 하늘의 길을 열었다.
어찌 잊을 수 있으리오
유월의 영령들을,
푸르른 청춘들을,
아름다운 청춘들을,
임들의 체취가 밤꽃 향기가 되어
이 아름다운 애절함을 눈물로 피워 냈고
싱그러운 잎사귀들의 안식처가 되었나이다

총질과 칼질로 죽음을 희롱하던 공산주의자들
엮어 드리운 험진 숲속 길을 벗어나면
자유로운 온몸엔 파란 물이 흠뻑 들었고
눈부신 유월의 하늘 아래 뿌릴 박은 행복은
푸르른 눈부심으로 이 세상을 만들었나이다.
오- 우리의 영웅들이시여!
피우지 못한 푸르름 펼치시고
염원이 지지 않는 열망의 꽃 피우시라
꺼지지 않는 애국충정의 불꽃으로
이 나라 이 겨레를 지켜 주시라

오늘도

봄빛으로 빚은 물은
향기롭고 황홀하다
높은 데서 낮은 데로 흐른 물은
바다를 이루고
낮은 데서 높은 데로 흐르는 물은
많은 사람의 갈증을 풀어준다.
조금만 생각의 틀을 벗어내면
물이 꼭 낮은 대로만 흘러가는 것이 아니라
높은 대로 흘러가는 역류의 수돗물도 있다.
많은 고기가 지저귀는 저 바다도
많은 고기가 노래하는 개천과 강물에도
각기 다른 짠물과 민물이 있어.
춤추며 노래하고 노니는 것이다
삶이란 오늘같이
다 달리하는 갈증 같은 것
삶이란
자기 입에 맞는 물을 먹어야 살아가듯이
무사히 하루를 보낼 수 있을까,

하는 걱정도 앞서지만
오늘도 청량한 물을 먹을 수 있을까, 가
더 중요한 것이 아닐까,

옛집

여린 봄 햇살 쪼아먹으며 졸던
토종닭이 안 보인다.
제멋대로 돌담에 늘어진
빨간 입술의 구기자들
언제 본 적 있었나, 반가운 듯
개똥 호박꽃이 히죽 웃는다
반은 깨지고 반은 누워 있는
잡초가 흐트러진 장독과 장독대와
거미줄에 포위된 추녀 밑 새집들은
가난했던 옛 보금자리가 아니었다.
수십 년 넘게 안방을 지키고 있는
일천구백구십육 년 한 장의 농민 달력
억새도 도깨비라도 나올까 두려워 숨죽이고
주인들의 손이 벌써 떠난
쓰러진 지게와 녹슨 호미와 괭이
물어봐도 대답 못 하는 이름 없는 문패
윙윙대며 나가라고 소리치는 호박벌 때문에
가슴팍 헤치며 터져나가는

추억의 그림자만 남은 옛집

연꽃

진흙탕 품으며 피어나
지구를 들고 있는 꽃잎
웃음 먹은 영롱한 진주
속세의 향기 담아
우주로 뿜어내는
신비롭고 아름다운 신선
꽃이라고 다 같은 꽃이랴
존엄 하는 이 세상
닮아가는 자비의 세상
다소곳이 고운 자태는 신성시하고
황홀한 인연의 환생은
천년만년 영혼을 겸허하게 한다
비움과 채움의 지혜를 지녔으니
자비와 해탈의 가르침을 가졌으니
꽃이라기보단 성화星花로다
꽃이 아니라 부처로다

어머니의 낮잠
부제:기일 날 어머니를 그리며

입춘이 지났어도 쌀쌀한데
어머닌 아랫목이 따뜻한지 낮잠을 주무신다.
주무시는 어머니의 얼굴을 쳐다보니
늙으셨어도 너무 고운 모습이시다
혹여 잠에서 깨어 나를 쳐다보실까?
이제나저제나 기다려 보았지만
어머니는 백합처럼 화사해질 뿐
점점 깊은 잠에 빠지시는 것 같다
힘들었던 어머니의 숨소리가 부드럽더니
진눈깨비 묻힌 봄 햇살에 소리마저 싹둑 지르셨다.
희미한 미소가 나의 마른 목을 메이게 한다.
어머니는 지금 어디를 헤매며 주무시기만 하는 것인가?
노루 꼬리만 한 오후는 시든지 오래인데
어쩌다 어머닌 이토록 오랜 낮잠을 주무시는 건가?
가진 것 하나 없이 빈손과 빈 뼈마저 내려놓으신 어머니가
오늘따라 후회 없는 낮잠만 즐기시는 것일까?
멋도 취미도 다 내던지시고
오로지 막내아들 하나만 위해 살아오신 어머니

이승의 저녁 새들이 어머니를 깨우기 위해
슬픈 노래를 부르고 있나이다
어머니가 남기신 이 아름답고 고운 세상을
정녕 아니, 보시려고 그러시는 것입니까
이 못난 놈의 앞길만 내기 위해 고생하신 어머니
어머니의 크고 아름다운 은혜의 햇살이
이 아들의 가슴을 찬란하게 비추고 또 비추고 있나이다
어머니! 외로운 밤이 땅에 내리고 있습니다
외로운 슬픔도 쓸쓸하게 별빛에 번지고 있습니다
바람 소리도 고요히 멈췄고 세상 모두가 멈췄습니다
하지만 이 못난 놈의 뜨거운 눈물만 멈추지를 않습니다.
어머니!
오! 나의 사랑하는 어머니여!
인제 그만 부디 잠에서 깨어나소서!
어머니 이제 아침이 밝아 옵니다.
이젠 어서 툭툭 털고 일어나소서!

어리석은 후회

내 작은 두 눈에
검은 하늘이 내리더니
내 온몸은 온통 검은 하늘에 묻혔다
내 부질없고 철없는 불효로
부모님을 오래 사시게 못 하였으니
어찌 어리석지 아니할 수 있으랴
부모님과 함께 살 때는
늙어 가시는 것도 보이지 않고
은혜와 사랑이 눈에 보이지 않아
불평과 투정으로 살았으니
나는 얼마나 어리석은 자이었는가,
나는 그저 한 마리의 못 된 짐승이었을 뿐
부모님의 사랑 뒤꿈치만도 못했으니
어찌 어리석지 아니할 수 있으랴
어느새 나도
부모님의 나이만큼 먹어보니
옛것이 생각난다.
지난 일을 꺼내 보니 반가운 것도 많지만

나를 애태우고 속상하게 하는 것은
부모님의 살아생전의 모습이 없다
불현듯 서럽고 슬프다
가슴에 와 꽂히는 비수 같은 은혜가
내 핏속을 흐르는 부모님의 사랑이
내 머릿속에 파묻혀 묘지를 맴돌아
아직도 어리석은 나의 불효가
어지럽고 어지럽다

어느 영정 앞에서

상주들은 간 곳 없고
홀로 큰 슬픔 삭히며
불 밝히는 쌍 촛불
한 송이 국화가 없었다면
영정의 슬픔 누가 위로해 줄까,
눈꺼풀 닿고 머리 고이 숙였다고
망자의 외로움
망자의 지나온 삶
암울하게 불붙는 고립된 영혼을
누가 있어 달래 줄 수 있을까?
촛불이 가물거리고
희미하게 사라지는 영혼 앞에
무어라 위로의 말이 필요할까?
누구나 가야 하는 외로운 길을
누군들 이 길을 간다면 기뻐할 사람 없건만
저 영정은 가는 길이 그리 싫지는 않은지
어찌도 저렇게 해맑게 웃고만 있을까

어느 봄날(童詩)

햇빛 잔치를 벌이는
어느 봄날 산과 들에는
해의 살들이 하나둘
뾰족뾰족한 새싹들을
어루만지고 쓰다듬고
꽃망울에 입을 맞추니
온갖 새들은 축가를 부르고
지나가던 나그네인
남쪽의 바람은
이따금 햇살과 손을 잡고 춤을 춘다.
세상은 아름답고 경이롭다.

제3부
사랑

장봉이
제6 서정시집

제3부 사랑

애련 ◆ 108

시간 ◆ 110

술 ◆ 112

이천 이십 사 년 아침에 ◆ 114

소주 잔 ◆ 116

소주 ◆ 117

설날 아침에 1 ◆ 119

설날 아침에 2 ◆ 121

삶의 단상 ◆ 123

삶은 그저 지나 가는 바람 ◆ 125

산사에 서 있으니 ◆ 127

산사에 들어서니 ◆ 128

사랑과 이별 ◆ 129

사랑 그거 ◆ 130

삶 ◆ 132

사랑 빛나는 밤 ◆ 133
공수레 공수거 ◆ 134

애련

사랑하는 내임이
떠난다고 하네요
날 사랑하는 내임이
멀리 간다, 하네요
나는 슬픔에 두 손을 꼭 잡고
가지 말라 애원하고 싶었지만
가는 길이 워낙 멀고 멀어
빨리 가야 한다네요
잘 가라는 말 대신
눈물로만 인사하네요
오- 사랑하는 내임이여
모든 슬픔 나에게 주고
모든 아픔 나에게 주고
홀가분한 마음으로 떠나가오
떠난 후에 지금보다 더 아프거든.
떠난 후에 홀로 더 외로울 거든
다시 나에게로 돌아와 주오
다시 내 가슴으로 안겨주오

이 세상을 다 준다 한들
당신과 바꿀 수 없다던
당신만을 사랑하겠다던 굳은 맹세
저버린 나를 용서하오,
내 사랑이 모두 다 진실하다 한들
당신이 없으면 무슨 의미가 있겠소
떠났다가 힘들면
다시 돌아오시오
그리곤 내 마음에
영영 앉아 계시오.

시간

페어 유리로 닫힌 거실 안엔
엘리드 등을 켜 놓은 시간이 있다.
밝은 빛에 쫓긴 그림자는 보이지 않지만
벽에 기대어 훌라후프를 돌리는 시계는
다람쥐가 쳇바퀴를 돌리듯 아주 잘도 돌린다.
시계가 좁은 공간에서 어떻게 사는지
나는 궁금하지 않다
시계는 스물네 시간만 잡아먹으면 되고
또 다른 시간은 시계를 제자리만 돌리면 된다
사람의 시간은 사람마다 틀려
등을 떠미는 시간은 따로 있으니
우리는 그 시간 때문에 일어나고 걷고 앉고 눕는다.
시간은 나와 같이하며 사고와 사건을 만들고
때론 목적 없이 이리 끌고 저리 끌고 다니면서
버리고 싶다 하면 가차 없이 버리는
하늘보다도 더 강한 존엄한 시간
먹고 마시고 잠자고 쾌락을 느끼는 날에도
시간은 늘 옆에서 빨리 빨리만 재촉하며

살아 있는 두려움을 느끼게 만든다.
시간은 스스로 희열을 느끼나 보다
시간은 혼자만의 쾌락을 즐기나 보다
동행은 하지만 늘 적이고 친구이기도 한 시간
시간과의 동침을 나는 언제까지 할 수 있을까?
그 시간이란 속에서
내가 얼마나 먹고 마시고 잠자며 즐길 수 있을까?
시간이 나와 함께 할수록

술

술이 욕망과 맺는 우정이란 것을
모르는 사람들이 많다
욕망은 본성이고 술은 가성이라는 사실을
모르고 마시는 사람들도 많다
술이 달지 않고 쓰다는 건
삶의 단편은 되어도 장편은 되지 못한다는 것
사람들이 느끼는 술의 맛은 마음에 있기에
달 때도 쓸 때도 있다는 것이다
술은 세상에 많지만 절대로 단맛을 내어주지 않는다
우리는 이렇게 술과 살아가고 술과 죽어가는
녹록지 않은 일상 속에서
술의 멍에를 쓰고 다닐 수도 있고
종종 술에 취해 허접한 말을 할 때가 있다.
세상은 왜 나에게만 가혹한 것일까?
아늑하고 포근하게 안아줄 수는 없는 것인가,
쓰디쓴 삶의 시간에 물음표를 던지면
술은 뭐라고 답할까?
넌, 술에 취했어!, 라고 말할까,

아니면 술이 그 무언가를 녹이는 듯
간절히 소망하는 것을 이루어 줄까,
천만의 말씀
술은 새빨간 거짓말을 담고 있기에
지나가는 환상적인 술의 단면만 채울 뿐
자신이 없는 사람들의 취중 진담도
술 깨면 가식으로 변하게 하는 게 부지기수다
내가 남보다 뛰어나다고 생각해 소주를 멀리하고
권력과 재력이 좋아 양주만 찾는다면
술의 매력을 느끼기나 할것인가
술은 희로애락의 자신을 이해하려는 피난처일 뿐이지
진정한 친구와 이웃은 못 된다.
술과 영원한 친구와 이웃이 되고자 한다면
간과 쓸개는 내버려야 진정한 친구가 될 것이다.

이천 이십 사 년 아침에

천 천수를 살았는데도
처음 태어난 아이처럼
처음 걸음마를 걷는 아이처럼
전혀 늙어 보이지 않고 포동포동하다
사람들은 하루해를 넘기면서도 늙어 가는데
흰 머리, 흰 수염 하나 없이 새파란
이천 스물세 살 연세이시다
사계절이 늘 새 청춘 같고
오늘이 다시 새 아침 같은 세월
한 해 한 해를 넘기면서 무슨 생각을 하는지
곧게 뻗어 올린 형상 하나 없고 숫자만 있다.
수많은 일출, 일몰에 대한 치열한 생유와 사유에
사람 같으면 죽었어도 수백 번 죽었을 법도 한데
태초부터 단단해 그런지, 죽은 숫자 하나 없이 젊다.
자기의 생각을 인간에게 건네지 않으려는 마음은
가슴에만 품고 있어 독하고 독하지만
해마다 벽에 걸려 찢겨나가는 수난을 겪으면서도
지나는 바람에조차 아픈 말 하지 않고

아니다 싶으면 인내하고 툭 넘겨 버린다.
단호한 결단을 가지고 첫날을 기려 보는 것은
영혼이 가벼운 인간들의 허황한 마음뿐이지
2023년은 올해도 버젓이 토끼로 변신하여
앉아서 세월만 먹어만 댈 것이다.
보라!
벽에 박힌 못대가리에 머리를 매달고 있는 숫자들
어찌 반복되는 작은 숫자만 매달고 있는지
비움이란 이렇게 많은 세월을
늙지 않게 만든다는 법을
사람들은 알고는 있냐고 묻고있는 것 같다
사람들만 흥분하고 뜻만 세우게 하는 2024년이
벌써 내년 2025년을 향해
오늘도 쏜살같이 달려가고 있다.

소주잔

알몸으로 내 턱 앞에 앉아
하얀 입술로 나를 유혹하는 소주잔
향기로운 알코올 냄새가 나의 혀를 파고드니
번지듯 스며드는 짜릿한 유혹
공중부양을 하듯 떠도는 나의 몸
이따금 고소공포증이 밀려오지만
몸 밖으로 내뿜는 열기 때문에
흥분이 안개를 헤치며 솟구치기만 한다.
머릿속에 안 좋던 우울함이 깨지고
지나간 청춘의 술래잡기를 하니
제멋대로 멋을 낸 여주인의
가려진 널따란 대지에 무지개가 뜬다.
희망은 소주잔에서 피어나고
삶은 혀가 꼬부라질수록 달아오르니
마음마저 꼬부라질 수 없는지
소주잔이 붉어진 내 얼굴에 뽀뽀하며
힘든 삶의 내 입술을 애무해 준다.

소주

우리네 인생살이에서 떼어내고 싶어도
떼어 낼 수 없는 소주란 존재
술에 살고 술에 죽는다는 술생 술사들
오늘도 소주가 인생의 전부라며
팔팔한 청춘 보람찬 삶을 위한다며
자기 기분에 따라 알콜충전소를 찾는다
소주보다 더 좋은 술 이 세상에 없다며
한 잔 두 잔 하다 보니 세상이 손바닥만 해지고
찬물도 위아래가 있는 향음주례(鄕飮酒禮)도 잊어버려
술잔이 춤을 추며 돌고 돌다 쓸어진다.
한잔 술에 지나간 청춘을 담아내는 것도 좋고
갈색 추억으로 시들은 웃음을 지어내는 것도 좋은데
굳이 외로운 삶의 깊이를 재며
얼얼하고 허허한 마음을
미친 듯 소주로 씻어 댈 일 뭐 있는가,
19도의 허무가 시뻘건 간을 정복하고야
갈지자걸음으로 술집을 나오는 술꾼들
밤하늘의 별들도 달콤한 향기를 내 뿜고

희망이란 반짝임에 가슴이 넉넉해지니
'인생은 나그넷길' 유행가를 흥얼거리며
고달픈 삶 모두 십자가를 맨 예수님처럼
배포가 커진 얼굴엔 부처님의 자비가 흐른다 .

설날 아침에

기쁨은 먼 데서 오고
만남은 손끝에서 오는가,
은빛 햇살에 까치가 먼저 설을 친다.
바빠서 닿지 않던 사랑이 온다는 것을,
보고 싶었던 꽃들이 온다는 것을,
까치는 먼저 알고 깝죽거리고 있다
자식들을 위해 아프지 않은 부모가 어디 있으랴, 마는
자식들 성공을 위해 고독하지 않은 부모가 어디 있으랴,
마는
마주하는 부모님의 얼굴엔
장마에 패인 계곡처럼 주름이 깊어지고
몇 개 안 되던 흰머리는 수천 개로 늘었다
저- 멀리 있는 길을 내다 보며 웃음 지으며 서 계신
인자하신 부모님의 반가움과 적적했을 외로움에
눈시울을 적시지 아니할 자식들이 어디 있으랴
손에 닿는다고 다 사랑이고
손에 안 닿는다고 사랑을 모르겠나,
은혜로움. 알고 넘쳐도 모르는 척하는 것이 자식들이거

늘
한해의 새 출발 새로움의 행복함을 충전하기 위해
웃음으로 올 한해도 부모님의 만수무강을 기원하며
내가 내 아버지의 인생을 쫓아가며
내가 내 어머니의 삶을 닮아 가며
이 아름다운 설날 아침에 기쁨의 세배를 올린다.

설날 아침에 2

성공하겠다며 부모 마음 아프게 하고
떠나야 했던 고향의 집
부모 형제 선·후배 친구들은
농사짓던 토지 모두 외지인에 팔아넘기고
빈 둥지만 고향을 지키고 있는 지금의 고향
이 설날에 나는 어디로 가야 하나
옛날엔 고향 뒷산 길 돌아 접어들면
조상님의 묘소가 있었던 동네엔
지금은 산등성이에 올라가 쳐다봐도
굴뚝엔 연기가 없고 전원주택만 즐비하다.
섣달 한 달 이맘때면
어머니의 한숨은 눈발처럼 그치지 않았었고
명절에 쓸 돈 몇 푼 아끼시려고
아직도 오지 않은 설 대목장을
닷새마다 장터를 부지런히 들고나셨다.
예쁜 옷, 예쁜 신발
맛있는 생선과 고기엔 눈을 멀리하시고
조상님께 올릴 사과와 배 북어만 사시면서

가슴엔 가난한 빨랫줄만 늘여 놓으시던 어머니
먼발치에 보이는 맛있는 것들을 살 수만 있으면
자식들 입에 웃음이 넘칠 텐데. 라는 아쉬움만 가진 채
값싼 물건이 나오지나 않을까 해서
하루에도 몇 번씩 오 일 장터를 들락날락하셨었다.
콩나물이 정성껏 시루를 가득 채울 때면
자식들 들어오다 넘어지지 말라고
밤마다 처마 끝엔 호롱불을 걸어 불 밝히시고
오는 잠 쫓으시며 가락 떡을 어슷하게 써셨었다.
이따금 바람 소리, 개 짖는 소리에 귀 기울이고
게 누구냐, 이따금 물어보시다간
"어머니 저예요."라는 자식 대답에
반가움에 목이 메어 눈물 훔치시던 어머니
설날이 싫었지만, 사랑을 멈추게 할 순 없었던 어머니
몇 개 남은 동전이 세뱃돈으로 흩어지는 설날 아침이면
그때야 어머니는 자식들 앞에 웃음을 보였다
세배를 받는 어머니의 등 위로
설날 아침의 가족들의 웃음이 한가득 담기곤 했었다

삶의 단상

매일 보는 풍경에
늘 변명 하는 삶이지만,
익숙한 풍경에
늘 자유인 것 같지만
살아가는 것이
사는 것이
흑백사진처럼
그날이 그 색이 똑같다
되풀이만 되는 일상 또한
힘겨움과 고달픔에 눈물이다
꼬깃꼬깃 접히는 시간이
이스트를 넣었다고 금방 보풀 것 같지만
묵은 먼지가 낀 삶은 보풀기가 힘들다
바람을 이기지 못하는 풍경은 제자리다
폭풍우를 이겨낸 풍경은 깨끗하고 처참하다
상처 많은, 녹록지 않은 우리네 삶은
여기저기 가시투성이라 어루만져지지 않는다
따갑고 쓰리고 피가 나도

책장을 넘겨야 다음 줄거릴 볼 수 있듯이
살아가야 한다는 것이
삶을 위대하게 만드는 것 같다

삶은 그저 지나가는 바람

지나간 삶에 미련을 가진다면
그것은 멍청한 것이다
삶은 절대로
다시 돌아 눕지 않는다
산다는 것이 얼마나 소중하고
두려운 일이던가,
살아 있다는 것이 얼마나 행복하고
자랑스러운 일이던가,
삶은 고통이고 창작이기에
이것이 정답이고 저것이 오답이라
말할 수는 없는 예술이지만
삶이란 참으로 영악하고 현명해
앞날을 희망으로 우리를 기다리며
운명이란 테두리를 만들어 간다.
떠나간 물은 바다에 이를 것이고
지나간 삶은 사람을 농익게 만들듯이
운명이란 삶 앞에 고마움을 표시하자
삶은 그저 지나가는 바람에 불과하니

어디서 불고 어디로 사라지는 것을
알려고 하지 말고
좋은 일 예쁜 일 많이 하며
때 묻히지 않고 살다 가자

산사에 서 있으니

삶이
좀처럼 생각나지 않는다.

나를
내려놓고 싶고

내면의 것들을
모두 옮겨 놓고 싶다.

나의 본성을
아주 가깝게 들여다볼 수 있어 좋고

내가 나를 안아주며
이곳에 주저앉히고 싶다

산사에 들어서니

합장한 손 틈으로
살며시 스며드는

어리석고 괴로운
탐욕의 숨바꼭질

황홀하고 어지러운
사랑의 숨바꼭질

부드럽고 편안한
해탈의 숨바꼭질

사랑과 이별

가슴에
돌멩이만 쌓이는
그런 사랑

그거 할 것
아니더이다

가슴에 쌓였던
돌멩이 치워내는
그런 이별

그것도 할 것
아니더이다

사랑 그거

천국인 줄 알고 했던 사랑
그거, 돌아누우니 지옥이 되더이다

온 마음 다 바친 용광로 같던 사랑
그거, 이글거리는 유황불이더라

두 번째는 괜찮겠지, 한 사랑
그거, 빛 좋은 개살구이오이다

젊으나 늙으나 가슴팍 헤치고 들어오는 사랑
그거, 천하장사도 목석도 못 막을 거이다

겉이 노을처럼 아름다운 사랑
그거, 하면 할수록 속이 새빨갛게 타버립니다

사랑 그거
해도 손해 안 해도 손해지만

그래도 사랑하는 그 순간만은
살맛 나는 인생이고 행복한 삶이 외다.

삶

아름답지 않은 삶이
세상 어디에 있으랴
삶을 위로하는 빛이
어디 달빛 별빛만이랴
온 세상을 훤히 비춰 주는 태양은
평등과 우선을 제일로 하지만
일찍 일어나는 자는 우선이 되고
있는 듯 없는 듯 숨어 있는 자는
평등이 되는 것은 아니다
삶의 저고리 끝이 행복이요
삶의 고통의 끝이 사랑의 향기이듯이
삶은 애수의 시조를 읊는 것 같지만
순수한 예쁨과 지성을 지녔으며
가냘픈 몸매와 배려를 지녔다
가난과 탐욕은 별개의 것이며
희망과 용기는 삶의 힘이기에
내가 사는 것이 삶다워야
삶이 행복하고 인생도 달다

사랑 빛나는 밤

황홀한 하늘 천 땅 지
술잔 속엔
온통 향기로운 행복 빛깔뿐
이렇게 불타도 되는 건지
이렇게 고와도 되는 건지
지금은 여기까지만 빛나고 싶다
앞으로 어떻게 해야 할 지
어떻게 사랑해야 할지는
지금은 필요가 없는 질문이다
고운 정 얄궂은 정에
모두가 가슴 저미며
분기탱천하는 이 밤이여
가슴에 품음은 그리움이
부활하는 이 밤이여
이대로 이대로 만큼만
영원했음 좋겠다

공수래공수거

인생에 취하면
마음은 백지가 된다.
삶이 만취되면
가슴은 공허를 느낀다.
노을에 물들면
마음은 붉어지고
황혼에 취하면
인생무상을 알게 된다.
삶은 감성적이고 향기롭지 않다
세월은 희로애락이라는 큰 권력을 쥐고
사람들을 무차별 공격한다.
삶이 무엇인지를 알았을 때는
시간의 끝자락에 놓여 있고
인생의 참맛에 취했을 때는
공수래공수거란 것을 알아
언제든지 저 노을길을 갈 수 있다는 것에

사람들은 인정은 하면서도 부정을 한다

제4부
삶

장봉이
제6 서정시집

제4부 삶

과거 ◆ 140
국화 향기 ◆ 142
국화여 ◆ 143
꽃 잔듸 ◆ 145
나는 권력자 ◆ 147
나의 운명 ◆ 149
나이를 먹으면 ◆ 151
내 나이 1 ◆ 152
노고지리 ◆ 154
노을 ◆ 155
장모님의 향기 ◆ 157
돈의 편력 ◆ 159
들국화 향기 ◆ 161
떡국을 먹으려다 ◆ 163
봄 1 ◆ 165
봄 2 ◆ 166
봄 3 ◆ 167
봄바람1 ◆ 169

봄바람 2 ◆ 170
봄봄 ◆ 171
봄의 소리 ◆ 172
인생은 역사다 ◆ 173
정월 스므아흐레 ◆ 175
내 나이 2 ◆ 177
원형이정(元亨利貞) ◆ 179

저자의 시작 노트 ◆ 180

과거

삶이란
과거를 만드는 제조기다
뒤돌아보면
어찌 한두 가지의 과거만 있을까,
이것을 버리고 털어버린다는 것이
그리 쉬운 일은 아니다
버린다고 버려지고
털어버린다고 털어질 일이라면
삶 자체가 죽은 것이나 매한가지 아닌가
무서운 방관으로
과거를 너무 비만하게 만들면
평지풍파를 일으키니
아름다운 미래를 가지려면
자신을 위하여
과감하게 버릴 것은 버리고
시원하게 털어버릴 것은 털어야
과거도 아름다워지는 것 아니겠는가

그러나 과거의 실타래를 열어 보면
가두리에 키우는 고기와 같이
먹이만 갈구하며 살아온 삶이 아니던가,
한 우리의 장단점을 조각하고
본연의 천성으로 회귀하려는 과거는
어리석은 현실의 등식과는 맞지 않는 것은
왜일까,무슨 일일까

국화 향기

오늘
누군가 정지된 길을 홀로 갔다.
길고도 긴 지나온 삶
국화 향이 죽은 자의 코를 짓 누른다.
잘 맞춰 놓은 죽음의 퍼즐을 타고
꿈을 꾸지 못하는 시간 속에 갇혀
지천으로 떨어지는 낙엽을 밟으며
끝내 삭히지 못한 상처를
정지된 동공으로 둘러 본다.
눈부셨던 인생은 그려내지 못하고
빈 지게만 그려 놓은 화선지 위로
눈물 마른 이승 풍경은
석 삼 일을 지나고야 저문다.
저 국화 향기에 갇혀 있던 시간 속에
살아 있는 자가 못다 한 말은 무엇이었으며
죽은 자가 못다 들은 말은 무엇이었을까

국화여!

이 나라 이 땅의 주검을 위해 피었나니
목숨 바쳐 지켜 낸 이 강산 위에
희생과 고난으로 피어났느니
혹독한 그 여름 삼복더위를 이기며
하얀 꽃 피어 산과 들을 내 달렸네
폭염과 뒹굴며 싸우던 그 날들이
찬 서리에 호사스런 주검들 앞에
너는 죽으면서도 향기를 뿜었느니
통곡을 안고 넘었던 찬바람에서도
살아서 빛 보리라 눈물로 맹세한 그 다짐
헤어짐과 인사를 나누는 영광은
여러 해를 뿌린 산과 들의 기억이니
다시 피울 어린 꽃의 기억이니
희생 어린 국화의 피움을 위해
고개 숙인 오만의 고개를
냉철한 가슴으로 쓸어내리며
이제 다시 주검을 지켜 온
이 산과 들을 하얗게 바꾸었으니

나는 너와 함께 그 눈 속에
나의 옹졸함을 탓하리라
이대로 영원함이 아니라면
별과 눈물과 자유를 그리워하며
가을이 끝난 빈 산과 황량한 들판에
국화가 아니면 무슨 꽃이 위로될 것인가 묻고 싶다

꽃 잔디

낮은 곳에서 산다고.
무시하지 마시오
낮은 곳에서 핀다고.
침 뱉지 마시오
소욕지족으로
녹슨 맘을 씻어내며
영혼은 맑게 하며 살고 있다오
밟힌다고 아파하지 않으오
밟히면 밟힐수록
더 아름다운 꽃을 피워
밟는 자를 색으로 용서하며
키 작은 설움 또한 가져 본 적 없이
아름다움 잃지 않도록 노력하오
키 높이를 맞춰 찾아드는
나보다 작은 바람도 있어
창피해 울어 본 적도 없소 이다
누구든 눈길 맞추느라
나는 봄부터 가을까지

예쁘고 더 예쁘게 피어야만 한다오

나는 권력자

가족을 잘살게 하기 위한다는 핑계로
가칙을 많이 만든 나는 권력자
그냥도 잘 사는 가족들을
눈치만 지혜만 늘게 한 나는 권력자
작은 일을 하고는 크게 부풀려
자랑으로 온통 도배하고
작은 공을 세우고는
자신만 추켜세우기만 한
나는 권력자
들을 말만 하면 가족이 알아들을 텐데
일부러 이해 안 되는 말만 늘어놓고
사랑과 우애를 돈독하게 만들어야 했음에도
잘못되면 오히려 가족의 탓으로 돌리는
나는 권력자
오만과 편견 때문에
다른 선택은 필요 없으며
집안일은 뒷전이고
가장자리만 중요하게 생각하며

착 할 선과 진솔을 부르짖지만
그것은 말에 불과할 뿐
자신은 하나도 지키지 않는
나는 권력자
가족들의 눈높이를 아주 몰라
그저 자신의 눈높이에만 맞추라 하고
가족이 뭐라고 의견을 제시하면
불효로 엮어서 비하하는
나는 권력자
가정이 망하든 가족이 못살든
나만 편안하고 나만 잘 먹고 나만 잘살면 되는
그것이 소신인 나는 권력자
무책임하며 괴롭고 슬프게 만들기 위해
가족의 안위는 뒷전이고
어른이라는 명분 하나로 힘만 휘두르는
나는 권력자
양심과 도덕적 책임을 못 느끼는
나는 머리만 있는 문외한 가장이란 권력자

나의 운명

부처님도 예수님도
알지 못하는 나의 운명을
어찌 당사자인 내가 알겠는가,
나는 세상에 태어난 죄로
세상에 던져진 죄인 아닌 죄인이 되었고
보이지 않는 오라가 나를 묶어 놓아
한 치 앞도 보이지 않는
삶이란 창살이 나를 막고 있는데
나만 죄가 없다고 말하면 뭣하리,
감당할 수 없는 시간이란 교도관이
늘 나의 목을 감시하며
나의 앞길을 시시콜콜 감시하고 있는데
나라고 뭐, 뾰족한 수 있으랴,
시간에 희생양이 될 수밖에 없는 내가
아무리 거부한다 한들
나에게 씌워진 삶의 죄목들은
하나같이 없는 일을 걱정하게 하고,
하나같이 지난 일을 걱정하게 하며,

걱정하지 않아도 될 일과
불확실하고 어쩔 수 없는 일을 걱정하고 있기에
아무리 발버둥 쳐도 피해 나갈 수 없다는 사실이다
그러니 나의 운명은
늘 떨고 있는 사시나무 같을 수밖에 없고
삶의 집행유예를 받은 속절없는 죄인일 수밖에 없고
시간에 쫓겨 다녀야만 하는 삶의 수배자일 수밖에

나이를 먹으면

나이가 들면
놓치고 싶지 않은
언어들이 생각난다.

나이를 먹으면
놓치고 싶지 않은
문자들이 생각난다.

당신을 사랑합니다.
당신을 좋아합니다.
당신이 있어 행복합니다.
당신 때문에 즐겁습니다. 라는

아주 흔한 것 같지만
아주 고귀한
언어와 단어들입니다.

내 나이 1

세상에서
나와 가장 친한 놈도
내 나이요

세상에서
내가 가장 싫어하는 놈도
내 나이이다

세상에서
나를 가장 사랑하는 놈도
내 나이요

세상에서
나를 가장 슬프게 만드는 놈도
내 나이다

나를 죽이고 싶어 하는 놈도
내 나이이다 보니

먹을수록 배가 불러야 옳은 일이 나이인데
내 나이는 먹을수록 배만 고프고
내 나이는 먹을수록 숨만 차오른다.

노고지리

석양에 비치는 날개는
인내를 얻어낸 황금갈빛
비상을 추구하는 작은 몸매는
하늘빛 담은 찬란한 보석
이상에 얽매이지 않고
마음이 절제하는 곳까지 오르다
하강할 줄 아는 새
태양 중앙에 흑점을 찍는
힘겨운 삶의 새
높고 낮음의 이치를 알기에
현실의 욕망을 참아가기에
세상은 높은 곳에 있는 것이 아니라
남이 보지 못하는 낮은 곳에 있다는 것을,
풍요로움이 출렁이는 보리밭에 있다는 것을
이른 새벽부터 노래하며 나르는 종달새
거꾸로 매달린 해가
늘어진 하루를 길게 누워있다

노을

낯익은 서산 산마루가
노을에 가려졌다.
언제 가려질지 모르는
우리의 하루란 삶도
노을처럼 서서히 가리어질 것이다.
굴절된 세상의 시간은
온통 삐뚤고 빗나가 있다
위태롭고 황홀한 노을의 감촉은
초연하게 산봉우리에 걸터앉아
얼굴의 반만 내민 채
감상과 구원의 동화된 얼굴로 서 있다
심안으로 보아야만 티 없이 아름답게 보이는
그 화려한 아름다움 뒤에는
회복을 위해 노을은 서산을 벗하며 어루만진다.
혹여, 구름이 와 닿으면 변절할까 두려우면서도
절제와 기다림, 자제와 극기로
더 황홀한 색을 창조하고자
인내의 바탕으로 아름다운 높이를 쌓으며

오해 한 점 없기를 세상에 바라는 마음으로
자신을 아름답게 삭이고 삭인다

장모님의 향기

구순 넘은 장모님이
꽃밭에 나오시더니
예쁘다며 마음으로 보시더니
이제는 그 마음 접었는지
지금은 맑은 눈만 깜빡 이신다.
어떤 날은 다섯 일곱 살 아이 되어
사탕 달라 떡을 달라 졸라 대시고
어떤 날은 한 번도 오지 않는
불효한 아들들 보고 싶다 눈물 글썽이신다.
어떤 날은 소 대변 받아 놓고
미안해서 그러신지 해맑게도 웃으신다.
그래서 장모님의 방은
장미꽃 향기가 가득하고
고수 꽃향기에 지려 있다.
부모와 자식 간에 무겁고 버거운 일이
치매 말고 또 어디 있으랴
하루에도 수십 번씩 어린애가 되어
울다 웃다 꽃이 되시는 우리 장모님

웃다 울다 향기 피우는 우리 장모님

돈의 편력

흥미로움을 안고 사는 돈
살면서 누구나 피할 수 없는 돈
많으면 좋고 적으면 아쉽다는 돈
한 푼 덜 벌면 투덜대고
한 푼 더 벌면 웃음기 있는 것이 돈이다 보니
자유도 주었다가 희망도 주었다가
괴로움도 주었다가 아픔도 주었다가
가치도 높였다가 욕망도 높이는 것이 돈이다
밝히면 밝힐수록 도망가고
몸 쓰고 머릴 써도
붙임성이 없는 야박한 돈
다람쥐 쳇바퀴 안에서 돌 듯
정당함과 도덕성은 없다.
선한 자는 대체로 가난하고
악한 자는 대체로 부유하니
돈을 버는 이치는 따로 있고
돈을 버는 수단도 따로 있는 것 같다
힘 안 들이고 몇 마디만 떠들어도

뭉치로 들어오는 권력의 판돈
사람마다 통이 다르니 알 수 없지만
돈과 권력이 만나면 비옷이 되고
돈과 신앙이 만나면 토지가 된다.
졸부를 만나면 천박한 안하무인을 만들고
기술을 만나면 나라의 부강함을 이룬다.
돈은 간사하고 영악해서
평정과 이해를 하지 않으려 하고
독선이고 횡포이고 악의적이기에
손에 쥐었을 때 잘 다루어야 하는데
물샐틈없이 쥐었다 해도 빠져나가는 것이 돈이다. 보니
없는 놈은 평생 돈 때문에 마음 쓰다 죽고
있는 놈은 평생 돈 굴리다 죽는다.

들국화 향기

칠십에 가을바람이
살랑살랑 부드럽게
아내의 머리카락을 매 만지니
들국화 향기가 바람에 날린다.
어떻게 살았길래
저리도 예쁜 향기가 날까,
어떻게 지냈길래
저리도 아름다운 향기가 날까,
칠십 평생 곧은 나무는 휜 나무가 되고
칠십 평생 아픈 상처는
천 번도 도려냈을 뻔도 한데
해마다 가을이 오면
어쩌면 당신은 들국화 향기와 같을까,
모진 찬 서리 비바람에도
찢기는 아픔을 부둥켜안고
피눈물을 삼키며 꽃을 피우는
어쩌면 당신은 들국화를 닮았을까,
휘어져 부러지고 바닥에 곤두박질쳐도

다시 꼿꼿하게 고개를 세우고
아무도 보지 않는 외로운 곳에서도
절대로 굴(屈)하지 않고 피어나는
당신은 강인한 들국화와 같을까

떡국을 먹으려다

코로나 19가 아무리 극성을 부려도
설날의 사람들 마음은 어찌할 수 없나 보다
집마다 봄이 찾아오듯
아들, 손자, 며느리 다 모였으니
어찌 좋지 않을쏜가,
전염병이 석 삼 년이나 계속되다 보니
노랠 듣고도 흥이 나지 않고
바람 소리에도 마음이 놀랐다.
지나간 세월을 생각하면
사람이라 해도 사람 꼴이 아닌지라
몇몇 개 버티던 머리카락도 하얗다 못해 삭아졌다
반가운 비가 가뭄을 적시듯
명절이라 단 걸음으로 찾아온 마음들
오랜만에 집마다 웃음꽃이 활짝 피고
둘러앉아 먹는 떡국 한 그릇에
따뜻하고 훈훈한 정이 넘친다.
떡국을 먹으려니
얼굴이 곱디고우시던

돌아가신 어머니가 웃고 계신다.
하얀 떡국 한 그릇이 식탁 위에 놓일 때까지
어머니는 새벽부터 떡방앗간에 가
추위와 몇 시간 줄지어 기다렸다가
마흔여덟 가래떡 뽑아 머리에 이고
꾸덕꾸덕해지게 삼사일 광에 두었다가
설날 아침이면 어슷하고 납작하게 썰어
밤새 곤 양지머리 국물에 집 간장으로 간을 맞춰
김 가루, 지단, 후추, 참깨, 찢어놓은 소고기 고명 올려
일 년 내내 무병과 만복을 빌어 주시던
울 어머니가 웃고 계신다.
먹거리가 아주 많은 풍요로운 이 세상
왜 이리도 일찍 떠나셔서
불효한 이 자식의 눈에 눈물 맺히게 하나?
자식들 맛있게 먹는 모습 보시며
기쁨에 웃으시던 어머니 모습에 가슴이 저며 온다.
마당 가 잣나무 꼭대기에 앉은 까치 소리가
식는 떡국을 바라보며 흐느끼는 나의 울음소릴 덮어준다

봄 1

너를 맞이하지 않으려 해도
미친듯한 마음은
늘 네게로 향하고 있었나 보다
너를 향한 사랑은
꽃도 노래도 아닌 마음이었나 보다
언젠가 더 뜨거워지면
날아가 버릴 가슴 시린 사랑이지만
봄, 너는
세상에서 제일 예쁘고 사랑스러운
고름을 터트렸다.
너는 그, 고름 터진 상처 위에
꽃을 피우고 열매를 맺게 하고
사소함이 아닌 세상을 웃게 하는
중요한 존재의 의미를
소중하게 느끼게 했다.
아- 너는
그렇게 왔다가
이렇게 떠나가는 아름다운 나그네인 것을

봄 2

나 사는 곳

용문산* 자락

여긴 아직 쌀쌀한데

남녘엔

꽃소식

거긴 벌써 봄이 오셨나 보네

절대의 소유도 없고

하나도 부족함이 없고

그렇게 부러울 것도 없는

봄이

올해는 세상 화선지에

어떠한 신비로움과 화려함으로

아름다운 소우주를 그려 놓을까,

기다려 지네

*경기도 양평군에 소재한 1,157m의 산

봄 3

미더운 바람이 대지를 두드리니
머-언 샘물이 땅속을 뚫고 오른다
축 늘어졌던 나무도 척추를 곧추세우고
줄기 뻗친 뿌리로 햇살을 모은다
은밀하고 민첩한 뒤 끝에는
눈부셔 바스러지는 기쁨의 햇살이 있듯이
봄은 올 때마다 소리가 되고 색깔이 되어
아름다운 그네를 만든다
해묵은 둥지에 먼지를 털어 내는
새들의 날갯짓에 반쪽이 되었던 달빛은
온 빛을 채우려고 안간힘을 쓰고
새하얀 눈 위에서 견디는 것 하나로 살아온 봄이
작은 개울물을 건너며 목이 터지라고 동요를 부른다
숲을 만지며 애정을 느끼며
향기로 생채기를 어루만져 준다
실오라기 하나 걸치지 않은 나체의 봄은
피우고 뿜으며 벌과 나비를 쫓으며
아름다운 춤을 추며 웃음을 멈추지 않고

벌써 우리 곁에 와 있었다

봄바람

너의 보드라운 손길이
포근한 향기를 뿌리니
선량했던 대지는
조용한 푸르름으로 가득하다
다소곳이 풀어헤친 머릿결
속삭이는 듯한 너의 미소는
코끝이 상쾌하고 동공은 빛이 난다.
너의 따스함과 촉촉한 입김은
언 땅에 봄의 향기를 퍼지게 하고
모두가 해맑은 웃음으로 피어나게 하니
너는 사랑이고 순정이고 행복이다
돌고 돌다 다시 돌아온 먼길
연분홍 사랑 가득 담은 너는
늘 그리워하던
아름답고 귀여운 하늘가이었다

봄바람 2

봄바람
몇 점이
대지를 두드리니
화들짝 놀란 꽃봉오리
눈 비비고 일어나는 아침
목을 끌어안는 솔향
앞 내 버들강아지 깡충깡충
도톰하게 곧추세운 대나무
들판엔 아지랑이
땅이 봄에 취해 흥청거린다.
촉촉한 흥겨움이 넘친다.
세상이 사랑으로 풍성하다

봄 봄

한겨울
내가 너의 이름을 그렇게 불렀어도
너는 몸짓조차 하지 않았었다
그러한 네가
나에게 입맞춤하고 있었을 땐
너는 이미 나에게로 와 있었구나
내가 너의 이름을 겨우내 불러준 것은
네가 다시 돌아오기를 기다린 것이니
너도 봄내 아름다운 색깔과 향기로
나를 안아 주길 바란다.
그래서 너는 나의 봄 봄이 되고
너는 나의 꽃 꽃이 되어
너와 나 한 봄 봄이 되고
너와 나 한 꽃 꽃이 되어보자

봄의 소리

봄을 이기지 못한 겨울은 갔다
풀잎에 맺힌 한점의 햇살이
어둠 속을 헤치고
잔설 남은 대지에 오기까지
얼마나 아팠을까?
새 빛 기쁘게 비춰주기 위해
허공 같은 빈 마음으로 오기까지
얼마나 힘이 들었을까?
두 팔 벌려 반갑게 안기는 봄은
우리에겐 희망을 터트리는 꽃이다
포용하는 사랑의 마음이다.
우리가 따뜻하고 포근한 것은
예쁜 봄의 미소가 있기 때문이고
세상이 영롱하고 말간 것은
아름답고 감미롭고 설레는
봄의 소리를 들을 수 있기 때문이다
가진 것 다 가졌는데도 그들은 늘 허기져 있고
이빨과 야욕은 광채를 잃지 않고 있다

인생은 역사다

학교에서 배운 교과서대로
살 수 없는 것이 삶이고 인생이다
하루를 써 내려가는 기술이 삶이라면
죽음을 각오하고 세상과 맞서서 싸우는 것을
써 내려가는 역사는 인생이다.
삶은 고난과 아픔을 불태우는 기술이지만
인생은 성공과 실패를 공유하는 역사다.
그래서
삶의 기술이 없으면 인생은 삶의 기술을 모르고
인생에 많이 쓸 역사가 있다면
이미 자신의 몸은 녹슬어 간 때이다
앉고 서는 것도,
공부를 잘하고 못하는 것도,
직장이 있고 없고 하는 것도,
다 세끼 밥을 먹기 위한
삶의 기술이지만
인생이란 유행가 테이프 늘어지듯
삶을 무너뜨려 완성되는 기술을

하나하나 엮어가는 역사이다.

정월 스무아흐레

어두운 방 안엔
희뿌연 화롯불이 식어가고
늙고 병드신 어머니가
애 닲을게 고통을 삼키며
미세한 목숨을 천정에 붙이고 있었다
막내아들이 왕진 의사를 모시고 와
진통제 주사를 맞고야
고통의 얼굴이 잠시 펴졌다.
늙고 병들어 여위신 어머니의 운명을
어찌 진통제 한방으로 붙들 수야 있겠냐마는
어쩌면 하루,하루가 안타까울 수가 있는 막내로선
최선이고 최선일 것이다
방을 나와 차디찬 하늘을 쳐다보아도
옛 모습으로 돌아올 수 없는 어머니의 얼굴
이젠 하늘의 뜻만 기다려야 하는 팔십이 세
운명 앞에선 아무것도 할 수 없는 막내는
가슴 속을 파고드는 붉은 가시가
이 불효한 자식의 마음을 탓하며

혈류 속을 흐르며 찌르고 또 찔러 댄다.
그러나 어찌할꼬, 어찌할꼬
오늘이 정월 스무아흐레

내 나이 2

누군가가 나에게 내 나이를 물었다.
나는 순간, 칠십이 넘었다고
대답해 주려다 그만두었다.
누군가가 나에게 다시 물었다.
솔직한 나이를 말하라고
나는 또 대답해 주지 않았다.
늙어 가는 것도 서러운데
왜 나이를 묻는 것인지, 왜 내 나이가 궁금한 것인지,
단기와 서기는 사람들의 나이를 만들어
세상을 사람을 왜 통제하려는지,
삼천갑자를 산 동방삭보다
두 갑 자도 못사는 인간들인데
굳이 나이는 따져서 무엇 한단 말인가,
지금 내가 나도 감당하기 어려운 나이
인생은 흘리는 눈물에 양띠라
청춘도 되었다 늙음도 되어 가기에
배려 없이 고집만 센 늙은이가 되지 않으려고,
지갑은 열지 않고 화만 내는 늙은이가 안 되려고,

감정만 앞세우는 늙은이가 되지 않으려고,
세월과 나이는 안으로만 새기고 잊은 채
늘 푸르른 희망과 긍정적으로
배움과 재력, 학력과 나이는 묻지 않는 사람으로,
그저 내가 누구와 함께하는 필요한 사람으로,
건강(健康)을 최선으로 유지하는 마음으로
약 먹는 시간 잊지 않고 살아가려는
내 나이는 벌써 망팔(望八)이 되었다.

원형이정 元亨利貞

구름이 산을 가렸다고
산이 아예 없어지는 것이 아니잖소
고난이 삶을 가렸다고
인생 자체가 아예 없어지는 것이 아니잖소
한 치 앞도 안 보이는 것 같지만
보이지 않는 그 속에는
희망이란 단어가 감춰져 있지 않소
모든 것이 걷히고 나면
본연의 모습이 드러날 것이니
안 보이고 안 걷히는 것 탓하지 말고
인생사 원형이정(元亨利貞)대로
인생사 순리대로 산다면
무엇이 걱정이고 무엇이 근심이겠소

저자의 시작 노트
장봉이(시인, 아동문학가)

 어머니 꽃에 비친 시는 어떻게 이 세상에 태어나 어떤 모양을 바꿔서 살고 있을까?

 15년을 넘게 시인 행사를 하고 다니면서도 정작 '어머니란' 창작은, 두려움의 타이틀을 벗고 싶을 때가 많았다.
 그러나 습관적으로 몸에 밴 잉크의 냄새는 지울 수 없는 것이 아마도 '시인의 운명'인 것 같다.

흐느껴 목이 메어
꽃잎도 떨리던 날
꽃다우셨던 우리 어머니
서러움 다 못 풀고 이 세상을 뒤로하니
하늘도 시커멓게 멍이 들고
산천도 온통 슬퍼 눈물로 가득 차 흐릿합니다
고우셨던 나의 어머니
외진 산 봉분 아래 누우셔서

학처럼 선녀처럼 하늘에 영혼을 맡기니
상전벽해와 같이 쌓이는 깊은 눈물
청정무구하던 눈, 한 치 앞조차 안 보입니다
어쩌자고 어머니는
구름 걷힌 하늘을 고향이라고 하시며
웃음기 없는 오늘 홀로 지는 꽃이 되셨나요,
꽃그늘에 달이 새고 새벽 별에 눈물 새면
불효한 이 자식 무슨 낯짝으로
살아생전 고우셨던 어머니 꽃을
이제는 어찌 볼 수 있단 말인지요
영영 돌아올 기약 없는 그 멀리 있는 길을
노을빛 배 한 척 샀이라도 내었으면
홀로 가시게 하지는 않았을 것을
후회도 원망도 모두 나만 쳐다보니
이 더러운 불효함이 천지를 진동합니다.

-어머니 꽃 전문

저자는 어머니를 안장하고 집으로 돌아오던 날의 슬픔을 꽃으로 비유하여 그리움에 대한 감정을 표현하고자 노력은 하였으나, 창작의 미량으로 감정이 앞서다 보니 어머니의 진정한 희생의 바탕을 그리지 못한 점 아쉬움이 있다고 본다.

어머니가 돌아 가신지 수십 년이 흘렀지만, 그 큰 사랑의 은혜는 두고, 두고 저자의 마음을 적시고 있다.

저자의 식구들은 가난에 시달렸다. 6. 25전쟁 후 피난 내려온 터라 입에 풀칠이라도 해야 자식들을 먹여 살릴 수 있었기에 급기야 어머니는 콩나물 행상을 시작하셨다. 새벽 일찍 광주리에 기른 콩나물을 선별하여 머리에 이고 집을 나서 마을 골목과 시장을 누비며 장사를 하고 들어오시곤 했다. 봄, 가을은 그런대로 기온이 맞아 콩나물이 오래 가지만 여름 겨울은 금방 썩거나 얼거나 하여 어머니를 많이 괴롭혔다. 못 팔고 돌아오시는 날은 어머니의 얼굴에선 눈물 반 땀 반, 고드름 반, 이셨다.

저자가 본 겨울의 어머니 모습은 너무도 처참 그대로였다. 광주리 밑으로 타고 흐르는 물이 광목옷을 적시면 온몸에 고드름이 되다시피 하고 어머니의 얼굴과 눈을 얼리고 있었다. 칼바람 부는 골목에서 어머니는 이렇게 반평생을 자식이라는 입에 거미줄을 안 치게 하려고 인내로 삶을 끌고 오셨다.

저자를 사십 팔 세에 낳은 어머니는 세상눈에는 영락없는 할머니였으나 저자는 이 세상에 홀로 존재하는 곱디고운 어머니였다. 동 비녀를 꼽은 쪽진 머리와 갸름하고 수척해진 얼굴 듬성듬성 나온 흰머리는 화자에겐 아무런

의미가 없는 어여쁜 어머니 그 자체였다. 거친 일상에 무디어진 손마디는 고달픈 삶의 무게로 메마른 가시나무처럼 보였으나 저자에겐 섬섬옥수 같았다. 그런 어머니와 운동회 때와 소풍 길에 함께하면 천군만마를 얻은 장수처럼 신이 나고 가슴이 벅차 왔었다.

그렇게 저자는 철부지 막내였다. 세상 물정을 몰라도 너무 몰랐던 철없는 아이였다.

모든 것을 다 이 저자인 막내에게 주셨던 어머니,

어머니와의 기억을 떠올리니 한없이 부끄럽고 송구스럽다.

이제 나도 칠십이 넘은 망팔(望八)노인 반열에 올랐다.

또 다른 공간의 세계가 도래하고 있다.

앞으로의 삶을 얼마나 누리게 될지 모르겠지만 어머니를 기억하며 역사를 기록할 수 있어 보람차고 벅차다. 저자가 써 내려가는 어머니 꽃은 먼 훗날 하나의 의미 있는 기록이 될 것이다. 나의 이 소중한 이 시집이 사랑하는 아들 손자, 손녀와 며느리들이 온전히 느껴진다면 이보다 더 값진 보람은 없을 것이다.

돌아보면 허무하고 덧없는 짧은 인생이다

사랑을 듬뿍 받아 자란 나는

마음 하나는 행복으로 가득하였습니다

쪽빛 하늘이라도 떼어다 주신다던 어머니에게

"고맙습니다"란 말, 마음에 넣어 드리고 싶습니다

곱고 아름다우시던 어머니는 꽃이셨습니다.

여명에 눈동자가 번뜩이면

어머니의 손등은 닳고 닳아져만 갔습니다

홀로 무디어진 목과 허리와 다리를 이끌고

한 소쿠리 콩나물 머리에 이고 지고

어두운 새벽 칼바람 부는 골목 시장 들어서시면

어머니 손등엔 이름 모를 꽃들이 피어났습니다

시루에 콩나물 키우는 일이 일생이셨던 어머니는

가난에 시들어진 삐걱대는 몸조차 잊으신 채

막막한 한숨마저 쉬기 어려웠습니다

어머니가 토해내는 절박한 호흡은

덜컹거리는 인생 마디마디에 푸석한 얼굴을 만들고

혹한의 새벽은 어머니란 들꽃을 피워냈습니다

가슴팍을 헤치며 무작정 들어오는 칼바람은

광목옷을 송이송이 새하얗게 성에꽃을 피웠고

마음 까지 피어나던 얼음의 꽃송이들은

삶의 청소를 해주듯 어머니의 몸 구석구석을

칼끝으로 도려냈습니다

어머니 꽃은 인생이란 적군과 싸우는 전쟁이었습니다

가난에 기울어 가던 가정을 일으키려는 몸부림이었습니다

자식들의 머나먼 미래를 예금하신 아름다움이었습니다
살아생전엔 수없이 피던 어머니 꽃이
지금은 나의 마음속에서
가끔가끔 피웠다 지기를 반복 합니다
지금도 머리로 세상을 살지 말고
가슴으로 살라 하신 어머니의 말씀이
쩡쩡 가슴을 울립니다

-어머니 꽃 2 전문

「어머니 꽃 2」은 저자와 어머니의 인간미를 견지한 인품의 고백이다. 한편으로는 고난만 무성하게 자라서 숲을 이루는 과정에 무너진 성터에서 그믐달을 바라보는 심경으로 어머니를 그렸다.

이 심경은 어머니의 삶이 얼마나 처연했는지를 보여주는 진술을 들여다볼 수 있는 저자의 가슴 저린 뜻으로 보면 된다.

떠오르는 주제가 가난, 극복, 그리고 생존이지만 이 키워드를 통하여 가난에는 눈물을 삼켰고, 극복에서는 얼굴을 찡그리지 않고 웃음으로 버티셨던 굳건한 어머니의 아름다운 생존에 그리움을 옮기는 것에 노력하였다. 고 자평하고 싶다.

가난은 문학이 되고 극복은 역사가 되며 생존은 철학이 되는 것 같다.

저기 말없이 떨어지는 꽃

저기 소리 없이 외로히 지는 꽃

봄비에 살랑살랑 눈물 짓고

여름비엔 주룩주룩 눈물 짓고

가을비엔 사늘하게 눈물짓고

겨울비엔 이가 시리도록 눈물짓던

어머니 꽃이여

거친 대지 위에 아름다움만 남겨 놓고

언제 다시 온다는 기약 없이

홀로 떨어진 꽃이여

어둠 너머로, 달빛 너머로

사라지던 어머니 꽃이여

가는 길이 어드메인지,

하늘길인지, 바닷길인지

땅끝 길인지

따뜻한 남쪽이었으면

봄날 다시 피어 만날 수 있지 않을까,

그리워 불러보는 이름, 어머니 꽃

내가 꽃이 되고

어머니가 다시 사람이 되어

들꽃이라도 되어 볼 수만 있다면

얼마나 좋을까, 얼마나 행복할까.

-어머니 꽃 3 전문

"어머니의 꽃 3"은 삶과 죽음, 사랑과 이별, 그리고 기억과 잊음에 대한 근원적 질문을 저자는 던지고 있다.

어머니의 마지막 여정을 지켜보며, 인간 존재의 취약성과 동시에 그 속에서 발견되는 사랑의 힘과 가치를 탐색하며 이 시를 읽었으면 하는 바람을 전하고 싶다.

어머니의 죽음을 통해 어머니의 삶을 되돌아보게 되고, 삶의 소중함과 사랑의 의미를 새롭게 발견하여 꽃으로 승화시킨 "어머니 꽃 3"은 우리 모두 겪는 삶과 죽음의 여정 속에서, 사랑과 기억이 어떻게 우리를 지탱하고 이끄는지를 보여주는 감동적인 시라고 자평하고 싶다.

저자의 제5 시집에는 문명의 형식을 부정하고 인간의 원점으로 돌아가, 인간의 순수한 목소리를 찾아 백지 위에 옮기는 데 최대한 노력하였다면,

제6 시집은 '인간의 순수한 감성을 펴는데 노력하였다. 고 자평하면서 독자들의 뜨거운 사랑을 기다려 본다.

도서 출판 놀부

지은이 장 봉이
펴낸이 이 은선
펴낸곳 도서 출판 놀부
1판1쇄 2024. 09. 02.
발행일 2024. 09. 12.
등록번호 제2021-000001
주소 경기도 양평군 용문면 용문산로 422
전화 031-775-2222
손전화 010-6486-1111
전자우편 1111jjang@daum.net

값 19,000원

ISBN 979-11-973338-6-6　03800

*이 책의 판권은 지은이와 도서 출판 놀부에 있습니다.
*양측의 서면 동의 없는 무단전재 및 복재를 금합니다.
　　저자와의 협약으로 인지 생략합니다.
☯ 이 시집의 전부 또는 일부를 재사용하려면 반듯이 지은이와 동의를 받아야합니다.
☯ 본 지는 한국간행물 윤리위원회의 윤리강령 실천요강을 준수합니다.
　　파본 된 책은 교환해 드립니다.